Baumgartner / Häfele / Schwarz / Sohm   **OE-Prozesse**

Dr. Irene Baumgartner
Dr. Walter Häfele
Manfred Schwarz
Dr. Kuno Sohm

OE-Prozesse

Die Prinzipien systemischer Organisationsentwicklung

Ein Handbuch für Beratende, Gestaltende, Betroffene,
Neugierige und OE-Entdeckende

6., unveränderte Auflage

Verlag Paul Haupt
Bern · Stuttgart · Wien

Zu den Autoren:

Nach einer akademischen, vorwiegend betriebswirtschaftlichen Ausbildung und Erfahrungen in Wirtschaftsbetrieben sind die Autoren überwiegend seit nahezu 15 Jahren als Organisationsberater tätig und begleiten in dieser Funktion Entwicklungsprozesse in unterschiedlichsten Organisationen im deutschen Sprachraum. Ihre vielfältigen praktischen Beratungserfahrungen bilden die Grundlage dieses umsetzungsorientierten Arbeitshandbuches.

1. Auflage: 1988
2. Auflage: 1992
3. Auflage: 1995
4. Auflage: 1996
5. Auflage: 1998

Die Deutsche Bibliothek – CIP-Einheitsaufnahme

OE-Prozesse:
die Prinzipien systemischer Organisationsentwicklung ;
ein Handbuch für Beratende, Gestaltende, Betroffene, Neugierige und OE-Entdeckende /
Irene Baumgartner... –
6., unveränd. Aufl. –
Bern ; Stuttgart ; Wien : Haupt, 2000
ISBN 3-258-05778-8

Alle Rechte vorbehalten
Copyright © 2000 by Paul Haupt Berne
Jede Art der Vervielfältigung ohne Genehmigung des Verlages ist unzulässig
Dieses Papier ist umweltverträglich, weil chlorfrei hergestellt;
es stammt aus Schweizer Produktion mit entsprechend kurzen Transportwegen
Printed in Switzerland

http://www.haupt.ch

Vorwort zur zweiten und dritten Auflage

Unser Aktionshandbuch hat seit Erscheinen gute Resonanz gefunden und sich, wie von uns gewünscht, als "Reisebuch" für das Abenteuer OE bewährt. Das vorgestellte Beratungskonzept, das als lebendige Praxis-Theorie selbst in konstanter Weiterentwicklung ist, ist in der Zwischenzeit besonders durch die vielfältigen Anregungen aus dem Bereich Systemischen Denkens und Handelns bereichert worden. Wir haben solche Erweiterungen, wo sie uns in der eigenen OE-Beratungspraxis nützlich sind, sowohl im theoretischen als auch im praktischen Teil berücksichtigt und wünschen Ihnen, dass eigene OE-Erfahrungen, ob als Betroffener oder Berater, sich als nützlich, respektvoll und ästhetisch erweisen.

Aus der Vielfalt aktueller Entwicklungen, die bereits wieder über das Vorliegende hinausweisen, seien nur drei hier kurz angesprochen: Gerade angesichts der massiven Herausforderungen für Organisationen und der damit verbundenen Veränderungen (bspw. wirtschaftlich, ökologisch) hat die Frage der Ethik, sowohl als Unternehmensethik wie als Beraterethik, eine neue Brisanz bekommen. Was können/dürfen/sollen Organisationen, Führungskräfte und Berater? Auf einer ganz handlungsorientierten Ebene beschäftigt uns zentral die Herausforderung, eine wertschätzende Akzeptanz (bezüglich der Führungskräfte und Mitarbeiter, aber auch in bezug auf das, was ist) zu leben und an den Beginn jeder Entwicklung zu stellen. Das Selbstverständnis von Organisationen ist um eine visionäre Perspektive mit ethischen Implikationen bereichert worden, indem Fritz GLASL das Entwicklungsphasenmodell um die Assoziationsphase erweitert hat. Dieser liegt die Idee der "verpflichtenden Schicksalsgemeinschaften" und der Vernetzung und wechselseitigen Abhängigkeit von Organisationen im Sinne eines Biotops zugrunde – und damit erneuern und bestätigen sich wiederum die Grundwerte und Prinzipien der OE.

Vorwort

Mit diesem Aktionshandbuch möchten wir Sie anregen, anstiften, selbst einen OE-Prozess in Gang zu setzen. Wir möchten neugierig darauf machen, OE selbst zu erleben. Wir wünschen uns, dass Sie sich mit den vorliegenden Materialien auseinandersetzen, dass Prozesse und Gespräche in Gang kommen, dass Sie sich von den Ideen der OE berühren lassen, dass Sie Ihr Verständnis von OE-Prozessen vertiefen, bestätigen, es hinterfragen, uns hinterfragen.

OE sehen wir als eine Abenteuerreise, die im konkreten Fall immer wieder in unbekanntes Gebiet führt. Die Gegend selbst ist erforscht, aber genau an Ihrem Zielort war noch niemand vorher. Denn das Ziel Ihrer Reise ist abhängig von den spezifischen Interessen und Bedürfnissen Ihrer Mitreisenden und wie bei einer Erlebnisreise werden Sie sich zwar mit einem mehr oder weniger klaren Ziel auf den OE-Weg machen, die einzelnen Etappen jedoch je nach Situationsgegebenheiten und verschiedensten Einflüssen erst während der Reise im Detail planen und gegebenenfalls revidieren.

Es gibt Landkarten für Ihr Reisegebiet. Eine davon liegt vor Ihnen. Allerdings haben andere Reisende wahrscheinlich andere Fahrzeuge, andere Routen benützt, andere Begleiter gehabt und waren unterschiedlich gut ausgerüstet für den Weg.

In diesem Sinne soll dies eine Landkarte für Ihre OE-Reise sein, die Ihnen unterwegs die Richtung weist, die manchmal zu grob oder zu detailliert sein wird für Ihren besonderen Zweck, die vor allem neugierig machen soll auf die Reise selbst, und die die eigene Erfahrung, das Auf-den-Weg-Machen, nicht ersetzt.

Dornbirn, Juli 1995
Dr. Irene BAUMGARTNER
Dr. Walter HÄFELE
Mag. Manfred SCHWARZ
Dr. Kuno SOHM

Wir verwenden im Sinne der Lesefreundlichkeit im folgenden stets stellvertretend die maskuline Form, möchten jedoch selbstverständlich Sie als Leserin/Beraterin und Leser/Berater gleichermassen ansprechen.

Inhaltsverzeichnis

Zum Gebrauch dieses Aktionshandbuches   15

Teil 1: Grundlagen für den OE-Prozess   17

1. Was ist systemische OE?   19
   - 1.1 Prinzipien der Veränderung im Rahmen systemischer OE-Prozesse   20
     - 1.1.1 Aktive Mitbeteiligung   20
     - 1.1.2 Ausrichtung an Menschen und Organisationen – Respekt vor der Einmaligkeit der Organisation   21
     - 1.1.3 Angemessene Komplexität   21
     - 1.1.4 Ansatzpunkt: konkrete Anlässe im Organisationsalltag, zukunftsrelevante Herausforderungen   21
     - 1.1.5 Lernen statt "Revolution"   22
     - 1.1.6 Veränderung und Fliessgleichgewicht statt Erstarrung   22
     - 1.1.7 Der Weg ist so wichtig wie das Ziel   23
     - 1.1.8 OE ist ein kontinuierlicher Prozess und eine Grundhaltung   24
     - 1.1.9 Ort der OE: der Arbeitsalltag   24
     - 1.1.10 Ressourcen- und Lösungsorientierung   25
   - 1.2 Wodurch unterscheidet sich nun systemische OE von anderen Veränderungsstrategien   25
2. Die Ziele von OE   28
   - 2.1 Selbsterneuerung und Selbstgestaltung   28
   - 2.2 Förderung von Selbstorganisation   29
   - 2.3 Authentizität als Antwort auf Zielkonflikte   30
   - 2.4 Effektivität, Humanisierung   31
3. Das Menschenbild hinter OE   32

4. Das Organisationsverständnis der systemischen OE — 37
   4.1 Einige Merkmale sozialer Systeme kurz skizziert — 38
      4.1.1 Soziale Systeme sind strukturdeterminiert — 38
      4.1.2 Soziale Systeme entwickeln sich (sie "evolvieren") — 40
      4.1.3 In sozialen Systemen entsteht Ordnung spontan — 40
      4.1.4 Soziale Systeme sind komplex und erfordern eine entsprechende Komplexität im Umgang mit ihnen — 41
      4.1.5 Soziale Systeme haben Grenzen — 44

5. Die sieben Wesenselemente einer Organisation — 47
   5.1 Kurzbeschreibung der sieben Wesenselemente — 48
      5.1.1 Identität — 48
      5.1.2 Konzepte, Strategien und langfristige Ziele – Visionen und Zukunftsträume — 49
      5.1.3 Strukturen — 50
      5.1.4 Menschen und Gruppen — 50
      5.1.5 Funktionen — 51
      5.1.6 Prozesse, Abläufe — 52
      5.1.7 Sachmittel — 52
   5.2 Einige Fragen zur Selbstdiagnose — 53

6. Organisationstypen — 57
   6.1 Eine nützliche Typologie von Organisationen — 57
   6.2 Charakteristik der Organisationstypen — 59
      6.2.1 Die Dienstleistungsorganisation — 59
      6.2.2 Die Produktorganisation — 61
      6.2.3 Die schöpferische Organisation (die Organisation der Professionals) — 63

7. Entwicklungsphasen einer Organisation — 67
   7.1 Die Pionierphase — 67
   7.2 Die Differenzierungsphase — 69
   7.3 Die Integrationsphase — 73

8. Strategien der Veränderung — 76
   8.1 Rationale Strategien (Veränderung durch Fachexperten) — 76
   8.2 Machtstrategien — 78
   8.3 Entwicklungsstrategien — 80

Teil 2: Der OE-Prozess in der Praxis 83

1. Zwischenbilanz 85
   1.1 Krisenerscheinungen in Organisationen 85
2. Einige Bemerkungen voraus 87
   2.1 Über Modelle und deren Grenzen allgemein 88
   2.2 Zum Phasenmodell der OE 90
   2.3 Zum Faktor "Zeit" in einem OE-Prozess 92
3. Das Phasenmodell im Überblick 92
   3.1 Orientierungsphase 92
   3.2 Phase der Situationsklärung (-auswahl und -entscheidung) 92
   3.3 Phase der Zielfindung 93
   3.4 Installieren der Steuerungsstruktur 93
   3.5 Information des Gesamtsystems 94
   3.6 Bearbeitung der ausgewählten Ziele (in Teilprojekten) 94
   3.7 Absicherung des in die Organisation integrierten Prozesses 94

Teil 3: "Jetzt geht's los!" 97

1. Orientierungsphase 99
   1.1 Erstkontakt und Erstgespräch 99
   1.2 Hypothesen bilden 100
   1.3 Sich ortskundig machen – Kontextklärung 102
   1.4 Vorgehensalternativen entwickeln – das Konzept 105
   1.5 Die Auswahl und Entscheidung für einen externen Berater 106
   1.6 Checklist für Ihr Gespräch mit potentiellen
       OE-Beratern (internen wie externen) 109
       1.6.1 Wie bewege ich etwas in einer Organisation? 110
       1.6.2 Mit Fragen Unruhe erzeugen 110
       1.6.3 Ablaufvorschlag 114
   1.7 Checklist zu den Phasenzielen 115
       1.7.1 Information und Diskussion des geplanten
             Projekts mit den Betroffenen 116
       1.7.2 Ablaufvorschlag 117

1.8 Fragen zur Einschätzung der Erfolgswahrscheinlichkeit
des geplanten OE-Prozesses 117

2. Phase der Situationsklärung 121

2.1 Oberstes Prinzip: Selbstdiagnose und eine Haltung der Neugier 121
2.2 Die Situationsklärung als persönlicher Lernprozess 122
2.3 Woran wird in der Situationsklärung gearbeitet? 124
2.4 Die Vorgehensweise 125
    2.4.1 Systemische Gruppengespräche 125
    2.4.2 Einzelgespräche 126
    2.4.3 Fragebogen 127
    2.4.4 Arbeitsklausur(en) 128
2.5 Die Beziehungslandkarte 131
2.6 Die Ideal-Organisation ("Wenn ich König wäre ...") 133
2.7 Collage-Technik 134
2.8 Unsere Organisation als Symbol 135
2.9 Die Situationslandkarte 136
2.10 Die Lebenslinie der Organisation 138
2.11 Die Systemdarstellung mit Holzfiguren 140
2.12 Erarbeiten von Veränderungszielen, Schwerpunkten
und ersten Massnahmen 141
2.13 Zwischenstop 143

3. Phase der Zielfindung (Zielauswahl und -entscheidung) 144

3.1 Ausgangssituation und Zielsetzung 144
3.2 Aufgaben des Managements in dieser Phase 144
3.3 Die Vorgehensweise 145
    3.3.1 Herstellen eines gemeinsamen Informationssystems 145
    3.3.2 Erarbeiten einer Entscheidungsbasis für die Entwicklungsschwerpunkte und die Bereitschaft seitens des Managements, den OE-Prozess mitzutragen 145
    3.3.3 Entscheidung über die Schwerpunkte und Absicherung im formalen Management 149
3.4 Einige Anregungen zur Vorbereitung der Gespräche/
Klausur mit dem Management 150
3.5 Zielbestimmung in komplexen Systemen und Lernen im Prozess 152

3.6	Zwischenstop	154
4. Installieren der Steuerungsstruktur		156
4.1	Kriterien für eine Steuerungsstruktur des OE-Prozesses	156
4.2	Die Entwicklungsgruppe	158
4.3	Die interne Projektleitung	160
4.4	Zur Handhabung der Grenze zwischen Organisations- und OE-Struktur	162
	4.4.1 Die Notwendigkeit einer durchlässigen, klaren und flexiblen Grenze	164
	4.4.2 Ablaufvorschlag für die erste Sitzung der Entwicklungsgruppe	164
4.5	Routinesitzungen als Fixpunkte im Prozess	165
4.6	Lernen, bewusst Erfolge zu feiern!	166
5. Information des Gesamtsystems		167
5.1	Inhalte einer moderierten Informationsveranstaltung	167
5.2	Anregungen für eine punktuelle oder regelmässige Information im Rahmen der Organisationsstruktur	167
6. Bearbeitung der ausgewählten Ziele (in Teilprojekten)		168
6.1	Gestaltungsprinzipien für Teilprojekte	168
6.2	Funktionen des Teilprojekt-Leiters	169
6.3	Das Vorgehen in den Teilprojekten	170
7. Absicherung des in die Organisation integrierten Prozesses		172
7.1	Projekte "lebenslänglich" ...?	172
7.2	Supervision von Entwicklungsgruppe und Projektleitung	173
7.3	Die Unterstützung individueller Entwicklungsprozesse von Führungskräften und Multiplikatoren	176
8. Der Entwicklungsberater		177
8.1	Leitbild für Führungskräfte und Berater	177
9. Wie können wir weiterhelfen?		181
Literaturtips und verwendete Literatur		183
Sachregister		189

Zum Gebrauch dieses Aktionshandbuches

Im *ersten Teil* erhalten Sie Basiswissen zu OE. Wir haben uns dabei auf wenige kompakte Modelle und Grundlagentexte beschränkt, die nach unserer eigenen Erfahrung als OE-Berater zur Gestaltung eines konkreten OE-Prozesses hilfreich sind. Lese- und Fachbücher zu Spezialthemen und vertiefendem (theoretischen) Wissen gibt es inzwischen in grosser Auswahl, deshalb möchten wir Sie für zusätzliche Informationen auf die Literaturtips im Anhang verweisen[1].

Die Lesetexte im ersten Teil haben doppelte Funktion: Sie vermitteln den theoretischen Rahmen für unser praktikables, aber nicht unzulässig vereinfachtes Modell der OE-Arbeit, gleichzeitig können Sie diese Texte auch während verschiedener Phasen des Prozesses anwenden – als Diagnosehilfe, als Intervention zum Verdeutlichen von Entwicklungsrichtungen.

Ein Beispiel: Die wesentlichen Ziele der OE werden für Sie vor Beginn eines Prozesses interessant sein, damit Sie feststellen können, ob Sie die durch OE angestrebten Veränderungen überhaupt einleiten wollen, ob diese Ziele einigermassen im Einklang mit den Werten und Normen Ihrer Organisation stehen und anschlussfähig sind an die Vorstellungen einflussreicher Führungskräfte oder ob "Welten" dazwischenliegen.

Nachdem Sie allein oder mit Begleitung durch einen externen Berater eine Vorsondierung für einen Prozess unternommen haben, dienen Ihnen diese Ziele, um wichtige Grundsätze Ihres Vorhabens mit Mitarbeitern und Vorgesetzten zu diskutieren. Ebenso regen wir beispielsweise durch die Präsentation und Diskussion der beschriebenen Entwicklungsphasen einer Organisation in der Phase der Situationsklärung zur Auseinandersetzung mit der "Lebensgeschichte" der eigenen Organisation/des eigenen Bereiches an.

Am Ende der Basistexte regen wir Sie jeweils mit Fragen an, das Gelesene auf die konkrete Situation und auf die Besonderheiten Ihrer Organisation zu übertragen.

Die Zwischenbilanz ist gedacht als eine kurze Standortbestimmung, nachdem Sie sich mehr oder weniger allein mit Themen, Prinzipien und Anforderungen von OE beschäftigt haben.

---

[1] Unter dem Begriff "Organisationsentwicklung" werden ja sehr unterschiedliche Beratungsansätze, Ideologien, Theorien und "Patentrezepte" publiziert, was für den Interessierten anfänglich recht verwirrend sein kann.

Im *zweiten Teil* stellen wir nach kurzen einleitenden Bemerkungen das Phasenmodell der OE vor, mit dem wir selbst seit mehreren Jahren in unseren Beratungen arbeiten. Dazu haben wir Ihnen in einer kompakten Übersicht die Ziele der einzelnen Phasen zusammengestellt. Im *dritten Teil* "geht's los":

Sie erhalten Hinweise, Methoden und Anregungen zu einzelnen Phasenschritten. Diese beziehen sich auf die Gestaltung und Strukturierung des Prozesses (Wer?, Wie?, Mit welchen Methoden?, Wozu? usw.), die konkreten Inhalte, Fragen, Probleme und Ziele werden von den beteiligten Führungskräften und Mitarbeitern unter Ihrer methodischen Begleitung selbst erarbeitet:

OE ernst nehmen heisst, keine fertigen Antworten, Rezepte und Methodenpakete parat zu haben, sondern hilfreiche Wege und Fragen.

Teil 1:
Grundlagen für den OE-Prozess

> Und jedem Anfang wohnt ein Zauber inne ...
> (Hermann HESSE)

1. Was ist systemische OE?

Es ist gar nicht so einfach, eine kurze aber griffige Erklärung von OE zu geben. Es gibt zahlreiche verschiedene Beratungsansätze und Definitionsversuche unter dieser Bezeichnung – in der Literatur wurden vor Jahren schon 42 Definitionen gezählt.

Generell kann man sagen:

OE ist ein Veränderungsprozess einer Organisation[1] und der darin tätigen Menschen, der sich an bestimmten Werten und Prinzipien orientiert.

Das Attribut "systemisch" verweist darauf, dass sich sowohl die Wahrnehmung der Organisation als auch die Art der Veränderungen an den Prinzipien lebender Systeme orientieren.

Dabei geht es darum, die Veränderungen so zu gestalten, dass sie nicht nur als unvorhergesehene bzw. spontane Nebenwirkungen technologischer, wirtschaftlicher oder personeller Neuerungen auftreten, sondern dass sie anhand klarer Prinzipien, Ziele und Werte vorbereitet, eingeleitet und durchgeführt werden. Und es geht darum, Veränderungen an der konkreten Situation der Organisation und der darin arbeitenden Menschen auszurichten.

Im folgenden beschreiben wir die Prinzipien systemischer OE; die Ziele, Werte und Ansatzpunkte zeigen wir in den übrigen Basistexten auf.

---

[1] Wir verwenden in den meisten Fällen den umfassenden Begriff "Organisation" anstelle von "Unternehmung", da OE auch in anderen Organisationen (wie z.B. Schulen, Verwaltungen, Vereinen, Parteien usw.) stattfinden kann.

1.1 Prinzipien der Veränderung im Rahmen systemischer OE-Prozesse

1.1.1 Aktive Mitbeteiligung

Die Veränderung wird von den betroffenen Menschen in der Organisation selbst aktiv gelenkt und bewusst getragen, das heisst Mitglieder der Organisation werden in allen Phasen des Prozesses beteiligt: beim Klären der Ist-Situation, beim Erarbeiten von Veränderungszielen, bei der Erarbeitung und Umsetzung von Lösungen, bei der Entscheidung, wer vom Thema betroffen ist und in welcher Form und Phase mitarbeiten soll (z.B. als Informationsgeber, als Mitglied einer Projektgruppe, als Linienvorgesetzter und Verantwortlicher; andere werden nicht unmittelbar mitarbeiten, aber durch regelmässige Information am OE-Prozess teilhaben). Wichtig dabei ist, dass auf vielfältige und adäquate Formen der Beteiligung geachtet wird.

Damit erhalten die Betroffenen aktiv die Gelegenheit, ihre Erfahrungen und Ideen zur Verfügung zu stellen, Antworten und Lösungen zu entwerfen, die aus ihrer Sicht machbar und sinnvoll sind und Mit-Verantwortung zu übernehmen, was Voraussetzungen sind für die Identifikation mit der eigenen Aufgabe, mit den Unternehmenszielen und eben auch mit notwendigen Veränderungen.

Eine besonders exponierte Rolle spielen dabei Führungskräfte: Ihr persönliches Engagement, ihr Zeiteinsatz, ihre Prioritäten und Signale markieren im konkreten Tun oder Unterlassen die Bedeutung, die sie der geplanten Veränderung beimessen, dadurch werden sie zu Schlüsselfaktoren für den Erfolg oder die Begrenzungen des Prozesses.

1.1.2 Ausrichtung an Menschen und Organisationen – Respekt vor der Einmaligkeit jeder Organisation

Der Entwicklungsprozess orientiert sich sowohl an den Zielen und Erfordernissen der Organisation und ihrer Umwelt (Markt, Technologie, Ökologie, Finanz-Politik usw.) als auch an Zielen, Interessen und den Möglichkeiten der Mitglieder. In den Anfängen der OE wurde diese Erweiterung der klassischen Fachberatung hauptsächlich mit humanistisch-emanzipatorischen Werten begründet, dazu kommt die praktische Erfahrung, dass jede Art von Veränderung in Organisationen durch Menschen initiiert, umgesetzt, gefördert oder verhindert wird – ob es um die Erneuerung von Strukturen oder Abläufen, um die Entwicklung von Strategien oder um die Entwicklung der Führungsfähigkeiten geht. Jede Idee, Konzeption und Veränderung bleibt Papier und Theorie, wenn es nicht gelingt, bei den betroffenen Mitarbeitern und Führungskräften Bewusstheit und Energie dafür zu wecken und sie in ihrer konkreten Situation "abzuholen" und einzubinden. – Auch der Inhalt dieses Aktionshandbuchs wird erst durch Sie als Person in Ihrer Organisation lebendig!

Die Menschen machen Organisationen lebendig, einmalig und letztlich auch entwicklungsfähig. Daher sind auch Erfolgsstrategien anderer Unternehmen nur mit begrenztem Erfolg kopierbar. Anstelle der Haltung von Beratern und Führungskräften, die zu wissen meinen, wie etwas "richtig" sein oder funktionieren sollte, werden Neugier, Respekt vor der Einzigartigkeit und das Ankoppeln an das zu entwickelnde System zu zentralen Faktoren.

Diese zentrale und radikale Berücksichtigung des Einflusses der betroffenen Menschen auf jedwede relevante Frage der Gestaltung und Entwicklung von Organisation ist nicht zu verwechseln mit der einseitigen "Personalisierung" von Problemen unter Ausklammerung systemischer, technischer, struktureller Faktoren.

1.1.3 Angemessene Komplexität

Organisationen als lebendige soziale Systeme sind ihrem Wesen nach komplex und erfordern entsprechende Komplexität in den Steuerungs- und Veränderungsstrategien, um "schreckliche Vereinfachungen" zu vermeiden. Dies gilt für die Gestaltung und Variabilität der einzelnen Prozessschritte, für die Einbeziehung der Betroffenen in vielfältigen Formen, für die Qualität verwendeter Modelle und Erklärungen, für das Interventionsrepertoire des Beraters (wir gehen auf diesen Punkt bei den Merkmalen sozialer Systeme auf S. 38 f. nochmals ein).

1.1.4 Ansatzpunkt: konkrete Anlässe im Organisationsalltag, zukunftsrelevante Herausforderungen

OE ist nicht themengebunden. Sowohl abgegrenzte, überschaubare und operationale Fragestellungen wie auch weitreichende Neuorientierungen oder zunächst diffuse Problemsituationen können und sollen unseres Erachtens entsprechend den OE-Prinzipien bearbeitet werden.

Die Anlässe für OE in unserer Beratungspraxis sind vielfältig: eine Neustrukturierung mit dem Ziel, mehr Kundenorientierung und Autonomie selbständiger Einheiten zu erreichen, der bevorstehende Generationswechsel in einem Familienbetrieb, die Einführung von Beurteilungs- und Entwicklungsgesprächen unter Anpassung des Gehaltssystems, die Überarbeitung von Strategien, die Entwicklung einer kraftvollen Vision und eines lebendigen Leitbildes, die Bearbeitung der Zusammenarbeit bzw. aktueller Konflikte zwischen Unternehmensbereichen, ein EDV-Projekt, das sich nicht nur auf Programme des Betriebssystems beziehen soll, die

Umstellung der Verkaufsorganisation von der Regional- auf eine Branchenstruktur, die Neu-Konzeption des Zusammenwirkens von Zentral- und Dezentralbereichen, die Einführung einer neuen Produktionsanlage oder die Umstellung der Produktionstechnologie, die (Neu-)Gestaltung von Abläufen und/oder Funktionsverteilungen, die Koordination verschiedener Funktionen, Abteilungen, Bereiche, SGE's usw.

1.1.5 Lernen statt "Revolution"

Gerade einschneidende Veränderungen einer Organisation fordern ein konsequent evolutionäres Vorgehen. Andernfalls ist die Wahrscheinlichkeit gross, dass die eingekaufte Fachexpertenlösung zu fremd oder radikal erscheint und aus vielen guten Gründen nicht umgesetzt wird, dass die blitzartige und eindrucksvolle Umstrukturierung im Alltag nicht greift, dass wichtige Neuerungen zu Angst, Abschottung oder Besitzstandsdenken führen statt zu Veränderungseinsicht und -bereitschaft. OE achtet auf stimmige, verkraftbare Entwicklungsschritte in einem den Betroffenen möglichen Tempo. Dennoch ist OE auch in Krisen- und Umbruchsituationen, die rasche, direktive Sofortmassnahmen erfordern, ein hilfreicher Weg für die Umsetzung, Integration und Nachbearbeitung solcher Einschnitte.

Der Befürchtung, OE könnte in wichtigen Fragen einfach zu lange dauern, sind jene Beispiele entgegenzuhalten, wo eine scheinbar rasche und radikale Veränderung lange "Nachwehen" mit sich bringt (siehe aktuelle politische Umbrüche). Untersuchungen zwischen westlichen und japanischen Entscheidungsmustern zeigen die Tendenz, dass die aufgewendete Zeit für die Vorbereitung und Umsetzung in diesen Kulturen sich genau umgekehrt proportional verhält und die anfangs "gesparte" Zeit später investiert werden muss.

1.1.6 Veränderung und Fliessgleichgewicht statt Erstarrung

Traditionellerweise wurden Organisationen als eher statische Gebilde betrachtet; dies zeigt sich zum Beispiel, wenn es um Fragen der Aufbau- und Ablauforganisation geht oder generell an der Tendenz zur Erhaltung und Bewahrung des Bestehenden/Bekannten. Dieses Verständnis ist jedoch nur angemessen für Organisationen in relativ stabilen Umwelten. Organisationen in sich verändernden Umwelten müssen fähig sein, Veränderungen in der Umwelt rechtzeitig zu erkennen und flexibel und rasch darauf zu reagieren (z.B. veränderte Kundenbedürfnisse, neue technologische Möglichkeiten, veränderte Rahmenbedingungen wie das Verkehrschaos in Städten, das zur Entwicklung stadtfreundlicher Autos und anderer Fortbewegungsalternativen anregte usw.).

Organisationen, denen die Fähigkeit fehlt, sich zu entwickeln, sich wechselnden Gegebenheiten anzupassen und solche vorwegzunehmen, werden Fossilien und "sterben".

Oft sind es gerade Erfolg und Wohlstand in Organisationen, die Stolz und Trägheit züchten[2]. Gefährlicherweise wenden solche Organisationen Erfolgsrezepte aus einer "zwar erfolgreichen, aber eben vergangenen Vergangenheit" an[3] und begegnen den aktuellen und künftigen Anforderungen mit bewährten, überholten Strategien bzw. Entscheidungsmechanismen.

Da Organisationen häufig stabilisierende, erhaltende Elemente gut entwickelt haben, fördert und betont OE in diesen Fällen Veränderungs- und Erneuerungsaspekte – ausgehend von der Grundidee, dass der Umgang mit der Ambivalenz von Stabilität und Veränderung eine bleibende Herausforderung für lebendige Organisationen ist. In einer tendenziell chaotischen, sich ständig in Bewegung befindlichen Organisation, beispielsweise der EDV- oder Werbe-Branche, wird OE mehr das Einführen stabilisierender Elemente zum Ziel haben (wie das Erarbeiten von sinn-stiftenden, verbindlichen Normen und Werten, die Einführung regelmässiger Besprechungsstrukturen oder klarer Funktionsbeschreibungen).

1.1.7 Der Weg ist so wichtig wie das Ziel

Die Gestaltung des Prozesses an sich soll für die Beteiligten Lernmöglichkeiten fördern und die Prinzipien von OE unmittelbar erlebbar machen (dies geschieht unter anderem sehr stark in der organisationsinternen Entwicklungsgruppe, dem "Hafen" des OE-Prozesses). OE hat über den konkreten Anlass und die explizit formulierten Veränderungsziele hinaus den Anspruch, die Problemlösungsfähigkeiten und Entwicklungsmöglichkeiten der Beteiligten auch für künftige Herausforderungen zu steigern.

Mittel und Methoden sollen nicht nachträglich oder mit dem Verweis auf das Ziel gerechtfertigt werden, sondern für sich selbst vertretbar und zu verantworten sein und offen eingesetzt und reflektiert werden – jedoch nicht als Selbstzweck, sondern im Hinblick auf konsequente Orientierung an den formulierten Veränderungszielen.

---

[2] HEDBERG, 1984, 13 ff.
[3] KAPPLER, 1984, 247 f.

1.1.8 OE ist ein kontinuierlicher Prozess und eine Grundhaltung

Man kann nicht hin und wieder "ein bisschen" oder punktuell OE machen. Von OE kann man nur sprechen, wenn und solange ein Entwicklungsprozess aktiv im Gange ist und wenn die Prinzipien und Grundhaltungen der OE praktisch angewendet werden.

Das Entscheidende dabei ist die praktizierte Haltung ("Entwickler finden immer einen Entwicklungsweg"), die sich als roter Faden durch die manchmal aufsehenerregenden, manchmal beinahe unbemerkten Prozessschritte und Interventionen zieht: einmal eine Situationsklärungsklausur, bei der vielleicht erstmals die Führungskräfte ausser Haus sich zwei, drei Tage mit neuen, überraschenden Methoden über die unterschiedlichen Sichtweisen und Ziele austauschen und erleben, welcher Unterschied allein durch dieses gemeinsame Arbeiten in anregender Atmosphäre entsteht; ein anderes Mal eine Einzelberatung in einer wichtigen Frage, die sich für eine betroffene Führungskraft akut aus dem Prozess ergibt.

Anhand des Phasenmodells und der Ergebnisse der Orientierungsphase lässt sich der Grobablauf und der ungefähre zeitliche Rahmen planen (der sehr organisationsspezifisch ist), insgesamt muss der Prozess jedoch rollierend, das heisst von Schritt zu Schritt geplant werden.

1.1.9 Ort der OE: der Arbeitsalltag

OE findet in der Arbeitszeit und am Arbeitsplatz statt. Es hat sich zwar bewährt, einzelne Schritte in Form von Klausuren abseits der Organisation durchzuführen, "aber es ist eine Sache, neue Konzeptionen zu entwerfen und eine andere, sie zu verwirklichen. OE bedeutet Veränderung durch gemeinsame Problemlösung «vor Ort» und ist somit keine Sonntagsveranstaltung, sondern integrierender Bestandteil der täglichen Zusammenarbeit. Die wesentlichen Veränderungen finden entweder im betrieblichen Alltag oder gar nicht statt"[4].

Es wäre eine gefährliche Verkürzung, aufgrund der beeindruckenden Wirkung und Schilderungen von einzelnen Klausuren OE damit gleichzusetzen und darauf zu reduzieren. Sorgfältig geplante und geleitete Workshops, Klausuren oder Projektgruppensitzungen fördern das Klima für Veränderung und es können dort Ziele erarbeitet und entscheidende Vereinbarungen getroffen und ungeahnte Möglichkeiten der Zusammenarbeit praktisch erlebt werden, aber dies geschieht immer im Hinblick auf den Organisationsalltag.

---

[4] LAUTERBURG, 1982, 51 ff.

Damit zusammenhängend ist es ein Wesensmerkmal systemischer OE, dass zwischen solchen Schritten bewusst (auch längere) zeitliche Pausen geplant werden, damit das Neue eingeübt und umgesetzt werden kann.

1.1.10 Ressourcen- und Lösungsorientierung

In der Begleitung des Entwicklungsprozesses regt der OE-Berater durch entsprechende Fragestellungen immer wieder dazu an, auf Lösungen, Möglichkeiten und vorhandene Ressourcen zu fokussieren statt einseitig auf Probleme und Schwierigkeiten. Sehr früh wird schon nach den Zielen gefragt und quasi vom Ende her an notwendigen Massnahmen gearbeitet ("Angenommen, bis in einem Jahr ist ... erfolgreich erreicht, welche Schritte haben wir bis dahin unternommen? Wer war in welcher Weise beteiligt? Worauf können wir dann mit Stolz zurückblicken?" usw.).

Statt einer ausgedehnten Ursachenanalyse wird die Auseinandersetzung mit derzeitigen und künftigen Chancen gefördert, statt einer vergangenheitsorientierten Betrachtung wird herausgearbeitet, was eine unbefriedigende Situation in der Gegenwart aufrecht erhält[5].

1.2 Wodurch unterscheidet sich nun systemische OE von anderen Veränderungsstrategien?

Ein Unterschied ist die vernetzte Betrachtungsweise: Der Berater im OE-Prozess beschäftigt sich und die Betroffenen/Klienten mit Fragen wie "Wie hängt das zusammen?", "Mit welchen mittelbaren Wirkungen ist möglicherweise zu rechnen?", "Was ist der mögliche Nutzen an der als problematisch geschilderten Situation?"

Zwei Beispiele dazu: Als Schwerpunkt wird die Entwicklung und Förderung von Führungskräftenachwuchs vereinbart und forciert, nach einiger Zeit entsteht Unmut gerade bei denjenigen Führungskräften, in deren Weiterbildung viel investiert wurde, weil Gehalts- und Karrieremöglichkeiten und der eingeschränkte Handlungs- und Kompetenzrahmen nicht mehr zu mittlerweile erworbener Qualifi-

---

[5] B. SCHMID hat es etwa so formuliert: "Nur weil man des langen und breiten erkundet hat, weshalb ein Karren im Dreck steckt, weiss man noch nicht, wie man ihn wieder herausbekommen kann – und hat auch noch keine Energie für den notwendigen Weg mobilisiert!" SCHMID, 1989, 49.

kation und Führungswissen passen. Dazu kommt, dass die einseitige Fokussierung auf Nachwuchs demotivierend auf erfahrene, langjährige Führungskräfte wirkt.

Oder: Als Anlass für ein OE-Projekt mit einem externen Berater wird von einer Bank die Entwicklung eines strategischen Marketingkonzeptes und mehr Kundenorientierung genannt.

In der Orientierungsphase stellt sich durch Nachfragen heraus, dass die beiden Geschäftsführer grundsätzlich andere Vorstellungen über die Zukunft der Bank haben, dass auch strukturelle Fragen (Fusionierung) in der Luft hängen und die Arbeitsfähigkeit der beiden durch die unterschiedlichen Vorstellungen zunehmend belastet wird. Ausserdem war in den letzten anderthalb Jahren eine markant hohe Fluktuation bei langjährigen Mitarbeitern zu verkraften und die eigene strategische Orientierung würde innerhalb ungeklärter Rahmenbedingungen und Entwicklungen der übergeordneten Gesamtorganisation stattfinden. Vorteil der ungeklärten Strategiefrage war lange Zeit, dass die beiden Geschäftsführer dadurch handlungs- und entscheidungsfähig blieben, weil niemand auf Einzelentscheidungen des anderen allzu genau hinsah oder mit Berufung auf Vereinbarungen etwas einfordern oder verhindern konnte.

Zwei recht alltägliche, komplexe Ausgangssituationen.

Ein zweiter Unterschied besteht darin, dass auch "heikle" und tabuisierte Themen angesprochen und bearbeitbar werden, wie zum Beispiel der unterschiedliche Einfluss und Einsatz von Mitgliedern eines Führungsteams, ein latenter Konflikt, eine schon lange hinausgeschobene Neubesetzung, die Unvereinbarkeit operativer Entscheidungen und Handlungen mit normativen Aussagen eines Leitbilds.

Ein dritter Unterschied besteht in der Wertschätzung, im Respekt und im Nützen vorhandener Fähigkeiten und Erfahrungen: Es genügt nicht, dass Führungskräfte, Experten und Eigentümer wissen, was zu tun ist. Die Beiträge jener Menschen, die die Organisation zu dem machen, was sie ist, werden eingefordert und nicht als Störfaktoren und unzuverlässige Variable im logisch-klaren Konzept behandelt (in diese Richtung gehen heute auch Entwicklungen, die im "unternehmerischen Mitarbeiter" den künftigen Erfolgsfaktor und Wettbewerbsvorteil sehen).

→ *Wir betonen angesichts dieser Ansprüche und teils gravierenden Konsequenzen nochmals, in welch besonderem Mass dabei die eingebundenen Führungskräfte gefordert sind. In vielen Fällen werden sie dafür durch eine individuelle, begleitende Beratung zur Reflexion und Entwicklung Ihres Führungsverhaltens angeregt.*

- *Die beschriebenen Prinzipien zeigen klar, dass man nicht von OE sprechen kann,*
  - wenn Veränderungen in Organisationen an Fachstellen und -leute delegiert werden und dabei sachlich-logische Empfehlungen oder Konzepte entstehen, die nicht anschlussfähig sind an die Situation der Betroffenen.
  Achtung: Auch OE-Berater sind Experten für Veränderungen in Organisationen. Aber im Gegensatz zur obigen Form geben OE-Experten vorwiegend Unterstützung für das WIE (den Prozess, die Form), nicht – bzw. nur als Impuls zur Erweiterung der Lösungsmöglichkeiten – für das WAS (den Inhalt, die Ergebnisse).
  Der OE-Berater gibt keine Lösungen für Probleme, er hilft bei der Lösung von Problemen.
  - wenn es sich um klassische Trainings oder Workshops handelt, die zwar teilnehmerorientiert sind, aber mit wenig Bezug und Einfluss beispielsweise auf strukturelle Fragen oder Rahmenbedingungen (These: Weiterbildung und Personalentwicklungsmassnahmen schützen unter Umständen vieles andere vor Entwicklung, indem Veränderungsbedarf individualisiert und personifiziert wird);
  - wenn nur auf einer gruppendynamischen Ebene an der Verbesserung der Arbeitsbeziehungen gearbeitet wird und Strukturen, Strategien, Organisationsziele unberücksichtigt bleiben;
  - wenn relevante Informationen auf den Kreis der Unternehmensspitze beschränkt bleiben;
  - wenn OE als neues Mittel in der Motivationskiste dienen soll. OE ist für einige Führungskräfte und Berater eine attraktive Verheissung. Dementsprechend haben sich Berater, Trainer und Wissenschafter dem Trend angehängt und bieten ganz unterschiedliche Kompetenzen, Methoden und Wertvorstellungen unter dieser zugkräftigen Flagge an (mit der Konsequenz, dass einige "klassische" OE-Berater sehr zurückhaltend mit dieser Bezeichnung agieren oder sich bereits mit anderen Namen wie "Unternehmensentwicklung", "Unternehmenstransformation" oder "Organisationsberatung" abgrenzen und einen Unterschied einführen wollen).
  Wird OE als abgepacktes Strategiekonzept angeboten, ist Vorsicht angebracht. OE-Konzeptionen können nur mit und für konkrete Unternehmen (Organisationen) erarbeitet werden und vertragen wenig Schablonen und Fertigprodukte.

> Man kann einen Menschen nichts lehren, man kann ihm
> nur helfen, es in sich selbst zu entdecken.
>
> (Galileo GALILEI)

2. Die Ziele von OE

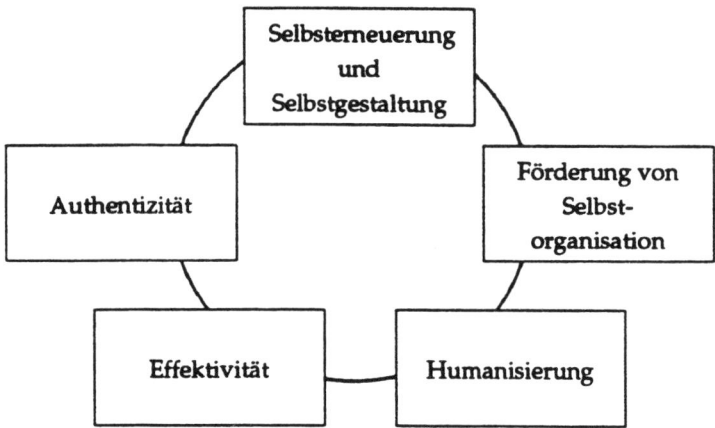

Unabhängig vom konkreten Anlass für die Veränderung sollen die folgenden Fähigkeiten in der Organisation entwickelt werden.

2.1 Selbsterneuerung und Selbstgestaltung

Die Mitglieder der Organisation sollen auf breiter Basis befähigt werden, die gegenwärtige und zukünftige Organisationsrealität selbst zu gestalten.

Dies heisst, dass sie an der Bearbeitung der Fragestellung bzw. dem Problem, das Anlass für einen OE-Prozess ist, in vielfältigen Formen und Funktionen während aller Phasen beteiligt werden und diesen massgeblich bestimmen. Funktion des Beraters ist es, sie bei der Ent-Wicklung ihrer Vorstellungen und Ideen zu unterstützen, statt ihnen Lösungen vorzugeben. Grosse Bedeutung bekommt damit im konkreten Fall die Art und Weise des Vorgehens.

Die Fähigkeiten für Selbstentwurf und Selbstgestaltung müssen bei allen Beteiligten entwickelt und so weit institutionell verankert werden, dass es sich um Bestandteile der Organisation handelt, die unabhängig vom Goodwill einzelner Führungskräfte Geltung haben (= authentische Partizipation aller Betroffenen, die es den am Prozess Beteiligten ermöglicht, ihre Bedürfnisse, Werte, Ziele, ihr Wissen, ihre Fertigkeiten und Erfahrungen einzubringen). Diese Partizipation ist klar zu unterscheiden von jener "Pseudo-Partizipation", die den Betroffenen ein Gefühl der Beteiligung vermittelt, der aber keine wirkliche Einflussnahme entspricht.

2.2 Förderung von Selbstorganisation

Mit der Verbreitung systemtheoretischer Erkenntnisse und mit der Einsicht in die Komplexität selbst kleiner Systeme ist zunehmend klar geworden, dass Organisationen viel zu komplex sind, um bis ins Detail geführt, gestaltet und beherrscht werden zu können (teilweise könnte man bemerken, Organisationen funktionieren nicht wegen, sondern trotz des ausgetüftelten Planungs- und Steuerungssystems). Dementsprechend bedeutend − sonst gäbe es keine funktionierenden Organisationen − sind die Prozesse der Selbstorganisation, die das Geschehen in Unternehmen und Institutionen mitbestimmen. Unter Selbstorganisation werden alle Phänomene zusammengefasst, in denen Ordnung und Strukturen in Organisation spontan, ohne Lenkungs- und Eingriffsversuche von aussen entstehen und nicht die Folge absichtsvoller Gestaltung sind.

Das Phänomen der Selbstorganisation ist selbstverständlich in Organisationen immer schon aufgetreten. Nur wurde es nicht als solches erkannt, weil es nicht in die allgemeine Vorstellung passte, in der Organisationen als mechanische, maschinenähnliche Systeme betrachtet wurden: wenn Arbeiter das Fehlen von benötigtem Material oder Werkzeug mit Phantasie und Ideen wettmachen oder wenn sich Kooperations- und Unterstützungsstrukturen quer zu Vorschriften oder Organigrammen herausbilden, wenn sich innerbetriebliche Querverbindungen abseits der offiziellen Instanzenwege herauskristallisieren und dadurch unbürokratisch und ohne Zeitverlust nicht funktionierende offizielle Kommunikations- und Informationsstrukturen ersetzen, sind dies Beispiele von Selbstorganisation.

Strukturen, die sich in Organisationen laufend von selbst bilden, Gruppen, die sich selbständig formen und aktiv werden oder Neuerungen einführen, entstehen nicht nur aus rationaler Einsicht in die Zweckmässigkeit einer bestimmten "Rollenverteilung", sondern auch aufgrund des Bedürfnisses des Menschen nach Ordnung und Sicherheit[6].

---

[6] ULRICH, 1978, 198.

Ein Metaziel in OE-Prozessen ist es, Rahmenbedingungen und Haltungen zu entwickeln, die dem Phänomen der Selbstorganisation und damit der Lebensfähigkeit der Organisation dienlich sind.

Das erfordert von den Betroffenen:

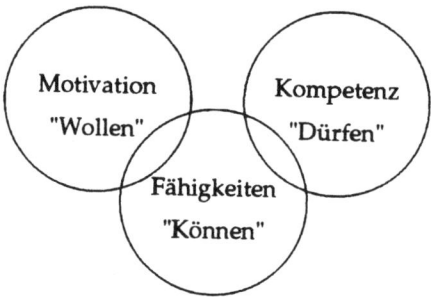

2.3 Authentizität als Antwort auf Zielkonflikte

OE geht davon aus, dass es innerhalb einer Organisation immer wieder zu Zielkonflikten kommt – einerseits zwischen den OE-Zielen Effektivität und Humanisierung, anderseits aufgrund unterschiedlicher Vorstellungen, Interessen und Sichtweisen von Organisationsmitgliedern.

Dies ist ein wesentlicher Punkt, der OE unterscheidet von einer platten, schwarzweissen "Schönwetter"-Ideologie nach dem Muster: "Es sind keine Interessensgegensätze vorhanden, wir sitzen alle im gleichen Boot." Interessensgegensätze werden als Faktum akzeptiert, offen angesprochen und damit werden heikle, konflikträchtige Themen einer Bearbeitung zugänglich und aus ihrem gärenden Wirken im Untergrund geholt.

"Organisationsentwicklung wendet gar nicht vor, ein Wundermittel an die Hand zu geben, mit dem die eventuellen Widersprüche zwischen humanen und ökonomischen oder technologischen Anforderungen beseitigt werden, sondern es geht gerade darum, die Menschen zu befähigen, bewusster ihre eigenen Entscheidungen zur Bewältigung der gegebenen widersprüchlichen Anforderungen zu finden. Es hängt deshalb von internen und externen Umständen ab, inwieweit und ob die Angehörigen der Organisation zu konsistenten Lösungen gelangen, und ob es im einen Fall zu einer Priorität der technologischen oder ökonomischen Kriterien kommt, und im anderen Fall mehr Entfaltungsmöglichkeiten für das Personal gefunden werden können."[7]

Mit dem Authentizitätsziel strebt OE also an, dass Menschen in einer Organisation ihre eigenen Antworten auf unvermeidbare, wichtige Zielkonflikte finden. "Differenzieren vor Integrieren" ist ein wichtiges systemisches Arbeitsprinzip, demzufolge vorhandene Unterschiede im ersten Schritt eher noch verschärft und deutlich herausgearbeitet werden sollen. Erst mit der Kenntnis und dem Verständnis vorhandener Unterschiede kann eine echte Integration erfolgen – oder die klare, diskutierbare Entscheidung zugunsten einer Seite.

2.4 Effektivität, Humanisierung

Daneben behalten die "klassischen" OE-Ziele Effektivität und Humanisierung ihre Gültigkeit: Effektivität bedeutet, die Problemlösungsfähigkeit und damit im weitesten Sinn die Leistungsfähigkeit einer Organisation zu steigern und Organisationen anpassungsfähiger an gegenwärtige und zukünftige Umwelteinflüsse (vor allem Wandel von Technologien Märkten, Bedürfnissen) zu machen. Ein Mittel zur Steigerung der Effektivität ist beispielsweise das Zur-Verfügung-Stellen der Modelle und Methoden des OE-Beraters und die Reflexion der Prozessgestaltung mit den Beteiligten parallel zur inhaltlichen Themenbearbeitung, wodurch dieses Know-how auch in künftigen Situationen verfügbar ist.

Humanisierung bedeutet, die Qualität des Arbeitslebens für alle Organisationsmitglieder zu verbessern. Qualität äussert sich in einer interessanten Tätigkeit, Selbständigkeit, Beteiligung an Entscheidungen, Möglichkeiten zur Weiterbildung und Entwicklung und aktive Teilnahme jedes einzelnen. Menschenwürdige Arbeitsbedingungen sind nicht eine Vergütung, die Mitgliedern einer Organisation gewährt wird, solange die Effektivität (Wirtschaftlichkeit) nicht darunter leidet. Sie sind unabdingbar mit den Werten und dem Menschenbild von OE verbunden – nicht erst seit der Einsicht, dass sich langfristig Wirtschaftlichkeit ohne zufriedene und engagierte Mitarbeiter kaum erreichen lässt.

Ein Begleiter von OE-Prozessen achtet von Beginn an darauf, die Mitglieder der Organisation bei der Verwirklichung dieser Ziele zu unterstützen. Neben dem vorbehaltlosen Einbringen seines Wissens bedeutet dies, dass er seine Person im Laufe des Prozesses immer mehr herausnimmt – der Berater soll mit den wach-

---

[7] GLASL, 1983, 29.

senden Fähigkeiten und Erfahrungen der Beteiligten zunehmend entbehrlicher und überflüssiger werden – und dass er sich rechtzeitig von der Organisation "verabschiedet", dass er anregt, Strukturen zu installieren, die den Organisationsmitgliedern das selbständige Arbeiten an immer neuen Themen ermöglichen (s.: Die Struktur des OE-Prozesses, S. 156 f.) und dass er die Prinzipien von OE selbst verinnerlicht hat und vorlebt.

3. Das Menschenbild hinter OE[8]

Jeder Theorie über Organisationen und Veränderung liegt ausgesprochen oder unausgesprochen ein bestimmtes Menschenbild (im Sinne einer Grundannahme über das Wesen des Menschen) zugrunde. Und auch jeder Mensch hat sein individuelles Set von Annahmen über andere Menschen, woraus er sich Erklärungen für eigene Handlungen und Handlungen anderer ableitet (genauer: konstruiert).

Besonders bedeutsam ist in unserem Zusammenhang das Menschenbild einer Führungskraft oder eines Beraters, da sich darauf weitreichende Konsequenzen aufbauen. Je nach Menschenbild kann jemand zum Schluss kommen, Menschen seien von Grund auf arbeitsunwillig, demotiviert, träge usw. und daraus ableiten, dass in erster Linie mit finanziellen Anreizen Menschen ihre Arbeitsleistung abgekauft werden kann; man kann der Überzeugung sein, dass Menschen von Natur aus gerne Verantwortung übernehmen, Freude an einer sinnstiftenden Tätigkeit finden, leistungsbereit und neugierig sind und wird dann Unzufriedenheit, hohe Fluktuation, Krankenstände und hohen Ausschussraten eher mit den Arbeitsbedingungen in Verbindung bringen als mit der Natur des Menschen "an sich".

Wer Menschen in erster Linie als Vernunftwesen betrachtet, wird bei Veränderungen an deren Einsicht und Logik appellieren und Fachleute und Expertisen zu Rate ziehen. Unterschiede in den Menschenbildern gibt es auch bezüglich der Annahme, wie weit der Mensch selbst aktiv Gestaltender seines Lebens ist/sein kann oder wie sehr er Resultat und damit Abhängiger der Umwelt, der Umstände, der Gesellschaft ist.

OE geht von einem Menschenbild aus, wonach "jeder Mensch grundsätzlich für sein eigenes Denken, Fühlen, Wollen und Handeln verantwortlich sein kann. Jeder Mensch hat zwar ererbte Fähigkeiten, welche von der Umwelt gefördert, gehemmt oder verändert werden können, aber im Grunde hat jeder Mensch die Möglichkeit, sich selber weiterzuentwickeln. Und er hat auch das Recht, sich weitgehend nach eigenen Vorstellungen und Werten entwickeln zu dürfen."[9] Zudem hat jeder Mensch einen fundamentalen Anspruch auf die Achtung und Wertschätzung seiner Persönlichkeit.

---

[8] Vgl. GLASL, in: SIEVERS/SLESINA, 1980, 99 ff.

[9] GLASL, 1982, 44.

Daneben wird der Mensch als dreidimensionales Wesen verstanden:

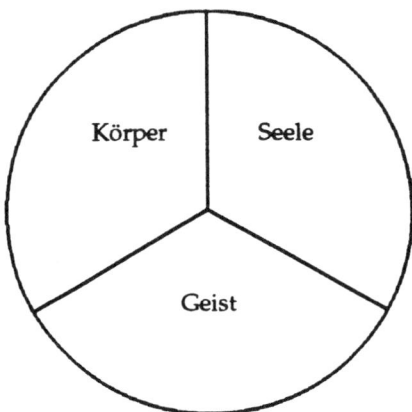

Als körperlich-biologisches Wesen will der Mensch seine Fähigkeiten, Fertigkeiten einsetzen, will (körperlich) aktiv sein und stellt mit seinem Körper Anforderungen an eine adäquate Gestaltung der Arbeit und des Arbeitsplatzes. Entsprechend seiner körperlichen Wesensart handelt und unternimmt der Mensch gerne etwas, er möchte gestalten und aktiv sein. Als körperliches Wesen ist der Mensch aber gerade in einer arbeitsteiligen Welt zur Deckung seiner Bedürfnisse auf andere angewiesen.

Als seelisch-soziales Wesen sucht der Mensch auch am Arbeitsplatz vielfältige Beziehungen zu anderen Menschen. Er sucht Kontakt, Anerkennung, Achtung, Wertschätzung, Beziehungen, Kommunikation, Gemeinschaft. Als soziales Wesen bedarf der Mensch der Wahrung der Gleichheit in Form von Regeln, Gesetzen und Normen, wodurch Rechte und Verpflichtungen verbindlich und allgemein gültig werden.

Als geistiges Wesen ist der Mensch ein denkendes, intellektuelles und autonomes Individuum, das nach persönlicher Entfaltung und Entwicklung strebt und dabei grösstmögliche Freiheit fordert. "Bezogene Autonomie", das heisst das Fördern und Ermöglichen selbständigen Handelns unter Bezug auf vereinbarte Ziele, Funktionen und auf die Gemeinschaft wird zum grundlegenden Gestaltungsprinzip der Zusammenarbeit und ersetzt inadäquate Formen einseitiger Anweisung und Kontrolle.

Das Menschenbild hinter OE

So einfach und selbstverständlich die Dreidimensionalität in diesem Schaubild erscheint, werden die Bedürfnisse des Menschen in Organisationen doch täglich missachtet:

- an Arbeitsplätzen, an denen das Denken der Menschen nicht erwartet, nicht gefördert und damit langsam getötet wird,
- an Arbeitsplätzen, an denen sich Kontakt auf den Dialog mit dem Bildschirm reduziert,
- an Arbeitsplätzen, in denen Produktionstechnologien den Arbeitsalltag und die Arbeitszeit bestimmen.

Ziel in OE-Prozessen ist es, die Realität und die Arbeitsbedingungen von Mitarbeitern und Führungskräften so weit irgend möglich entsprechend den dreidimensionalen Bedürfnissen zu gestalten. Zudem werden im Rahmen von OE-Prozessen das Lernen, der Arbeitsrhythmus, die angewandten Methoden und Medien diesem Menschenbild entsprechend eingesetzt und gestaltet und damit der Mensch als Ganzes gesehen, nicht nur als Hand-Arbeiter oder Kopf-Denker.

Im systemischen Verständnis wird ausserdem in besonderem Masse betont, dass der Mensch als erlebende und bewältigende Person ständig in kreativer Auseinandersetzung mit seiner Umgebung begriffen ist, die er genauso mitgestaltet wie er auf sie reagiert. "Der Mensch ist weder Held noch Opfer, sondern Mit-Beteiligter, der seinen Teil an Verantwortung hat."[10]

Unter Umständen ergibt sich aus diesem Verständnis ein relevanter Unterschied des vorliegenden OE-Verständnisses zu jenen traditionellen Ansätzen, bei denen der OE-Berater sich – überspitzt formuliert – als Retter der unterdrückten Mitarbeiter sah und OE-Berater tendenziell schon aufgrund ihrer Annahmen über die Realität und Situation der Mitarbeiter die Neutralität einseitig zu deren Gunsten verschoben.

---

[10] G. WEBER, Zitat in einem Seminar.

- *Fragen zur Selbstdiagnose*

Haben Sie schon einmal überlegt, welches Menschenbild das Verhalten Ihrer Vorgesetzten und Mitarbeiter bestimmt?

Name	konkrete Verhaltensweisen und Änderungen, die etwas über das zugrundeliegende Menschenbild aussagen	Folgerungen Vermutungen Fragen

Wodurch werden in Ihrer Organisation die Bedürfnisse des Menschen

bezogen auf	beachtet/gefördert?	verletzt?
die körperliche Dimension		
die seelische Dimension		
die geistige Dimension		

4. Das Organisationsverständnis des systemischen OE

Ebenso wie unser Handeln auf einem mehr oder weniger bewussten Bild vom Menschen beruht, hängt die Art, wie Führungskräfte und Berater Organisationen gestalten, von dem Bild ab, das sie von Organisationen haben.

Wichtig ist hier die Betonung darauf, dass unterschiedliche Vorstellungen und Modelle von Organisationen existieren, wobei sich zu gewissen Zeiten eine mögliche Vorstellung gegenüber anderen durchsetzen und breitere Anerkennung finden kann. Die unterschiedlichen Organisationsmodelle sind Beschreibungen, die sich in der Praxis (bei Führungskräften, Beratern usw.) und Theorie (Wirtschaftsuni) als angemessen, nützlich und plausibel zur Erklärung vieler unterschiedlicher Phänomene des Unternehmensalltags erweisen müssen und die Handlungen (z.B. Führungsverhalten) ableitbar machen. Organisationen "sind" nicht so, wie sie in Modellen annäherungsweise beschrieben werden (deshalb können die Modelle wechseln, obwohl der Gegenstand derselbe bleibt – bzw. kann sehr lange ein Modell aufrechterhalten bleiben, weil man es für die Wirklichkeit hält oder sich an diese Sichtweise gewöhnt hat, obwohl viele Phänomene damit nur unzulänglich erklärbar sind).

Traditionell wurden Organisationen als prinzipiell planbar, steuerbar, beherrschbar, kontrollierbar angesehen. Deutlich sichtbar wird diese Vorstellung am zahlreichen Gebrauch technisch-mechanischer Vergleiche, an der Art und Weise der Erklärungen über die Wirkungsweise von Organisationen, an der Zahl und vor allem Detailliertheit von Regeln, Vorschriften und Handlungsempfehlungen (in Form von Führungstheorien) in der und für die Unternehmenspraxis.

Wie viele andere Theoretiker und Praktiker heute auch, geht OE von einem komplexeren Verständnis von Organisationen aus, das auf Erkenntnissen und Modellen der Systemtheorie basiert.

Organisationen werden als soziale Systeme verstanden.

Dies ist der gemeinsame Nenner, der so unterschiedliche Beispiele für Organisationen wie Unternehmungen, Schulen, Familien, Vereine, Verwaltungen, Spitäler, Kirchen, Gefängnisse, politische Parteien, Verbände usw. vereint.

Während Ihnen beim ersten Blick vielleicht an diesen Beispielen mehr Unterschiede als Gemeinsamkeiten aufgefallen sind, lassen sie sich allesamt anhand bestimmter Merkmale sozialer Systeme beschreiben.

4.1 Einige Merkmale sozialer Systeme kurz skizziert

Die Theorien über soziale Systeme sind viel zu komplex, um hier auch nur annäherungsweise dargestellt zu werden. Wir haben trotzdem einige Merkmale herausgegriffen – mehr, um Sie neugierig zu machen auf Systemtheorie und um anzudeuten, dass systemtheoretische Erkenntnisse ganz konkret in die Gestaltung eines OE-Prozesses einfliessen. Wir verweisen den interessierten Leser auf die Literaturtips ab S. 183 f.

4.1.1 Soziale Systeme sind strukturdeterminiert

Diese Beschreibung hat ausgehend von den Arbeiten der beiden Biologen MATURANA und VARELA zu vielfältigen neuen Ideen für das Verständnis der Funktionsweise von Organisationen angeregt[11]. Strukturdeterminiertheit bedeutet, dass nicht die Anstösse, Veränderungen der Umwelt eine Organisation zu ganz bestimmten Handlungen, Reaktionen, Veränderungen veranlassen, sondern dass die Struktur der Organisation bestimmt, welche Anregungen aus der Umwelt überhaupt als solche wahrgenommen werden und zu welchem Wandel es gegebenenfalls kommt.

Die vielfältigen Strukturen in einer Organisation sind also von grundlegender Bedeutung dafür, welche Handlungs- und Veränderungsmöglichkeiten eine Organisation hat, wie sie mit ihrer Umwelt in Beziehung treten kann und wozu Veränderungen der Umwelt sie anregen ("anregen" erscheint in diesem Zusammenhang als eine angemessenere Beschreibung als die gängige Vorstellung von "auslösen").

Mit Strukturen sind hierbei nicht nur die Aufbau- und Ablauforganisation gemeint (obwohl dies natürlich sehr prägende Organisationsmerkmale sind), sondern auch die praktizierten Gestaltungs-, Koordinations- und Entscheidungsstrukturen, die Strukturierung des Informationsflusses und der Kundenbeziehungen und auch geltende Regeln, Normen, Vorschriften usw. Dass die Handlungsmöglichkeiten eines Unternehmens tatsächlich von der jeweiligen Struktur bestimmt werden, wird deutlich, wenn man sich vor Augen führt, wie unterschiedlich diverse Unternehmen mit ein und demselben Ereignis, zum Beispiel einem gravierenden Umsatzeinbruch oder einer Veränderung der Nachfrage, umgehen.

Eine Konsequenz für die Steuerung eines Unternehmens wird darin liegen, dass die Organisationsstrukturen bewusst gestaltet und regelmässig reflektiert werden – in der Praxis haben Führungskräfte und Berater oft ein intuitives Gespür dafür,

---

[11] Vgl. dazu MATURANA/VARELA, 1987.

dass Strukturfragen schnell an den Kern der Organisation rühren, damit oftmals zwar auch als bedrohlich erscheinen und vermieden werden, andererseits jedoch in der Regel bei Mitarbeitern und Führungskräften nach einer sinnvollen Umstrukturierung völlig neue Handlungen und Möglichkeiten eröffnen (z.B. nach einer Umstrukturierung in autonome Einheiten mittels strategischer Geschäftseinheiten).

Strukturelle Koppelung – die Voraussetzung für die langfristige Lebensfähigkeit von Organisationen.

Die gegenseitigen Beeinflussungen von Organisation und Umwelt (Kunden, Mitbewerber, gesellschaftliche und gesetzliche Faktoren usw.) führen immer wieder wechselseitig zu Strukturveränderungen. Dieses Aufeinander-bezogen-Sein wird als strukturelle Koppelung bezeichnet. Ein Beispiel dazu ist die Geschichte der Entwicklung von Autos und Städten: Das Aufkommen von Autos als Massenfortbewegungsmittel veränderte die Infrastruktur von Städten, die Planer von Städten wurden durch den Autoverkehr zu entsprechenden Verkehrsplanungskonzepten angeregt, umgekehrt wandelten sich durch das massive Aufkommen von Autos die Fortbewegungs- und Parkmöglichkeiten, was Teile der Automobilbranche zum Bau entsprechend kleinerer, stadttauglicher Verkehrsmittel anregte (oder auch nicht bzw. zu spät). Die Lebensfähigkeit von Organisationen hängt davon ab, ob es ihnen gelingt, in einer sich wandelnden Umwelt fortzubestehen, indem sie sich anpassen.

Am Beispiel der Autoindustrie wäre es interessant, zu erforschen, welche unternehmensinternen Strukturen es zum Teil verunmöglichten, dass rechtzeitig die dramatischen Veränderungen in der ökologischen, sozialen und politischen Umwelt erkannt und die eigenen Produkte entsprechend angepasst wurden.

Folgerungen aus der Strukturdeterminiertheit für die Gestaltung von OE-Prozessen:
- Die Strukturierung des OE-Prozesses selbst beeinflusst massgeblich die Möglichkeiten, durch diese Massnahme die Organisation zu Veränderungen anzuregen.
- Für den Berater/Begleiter ist es wichtig, ein Verständnis für die gegenwärtig praktizierten Strukturen und die Konsequenzen daraus zu entwickeln und die Betroffenen zur Reflexion bestehender Strukturen anzuregen.

4.1.2 Soziale Systeme entwickeln sich (sie "evolvieren")

"In einer sich kontinuierlich ändernden Umwelt (haben) offene Systeme viele Möglichkeiten – nicht aber die des Stillstands", schreibt[12]. Fähigkeit zur Veränderung ist die Existenzgrundlage von Organisationen, dies wurde bereits bei den Überlegungen zur strukturellen Koppelung und Anpassung deutlich. Betrachtet man die vielfältigen Veränderungen einer Organisation in ihrer "Lebensgeschichte" in bezug auf Grösse, Märkte, Produkte, Strukturen usw. zeigt sich sofort, dass all dies nicht auf Anpassungsleistungen reduziert werden kann, sondern dass Organisationen von sich aus, in innovativer Weise, etwas Neues hervorzubringen vermögen. Unter Entwicklung verstehen wir dabei in Unterscheidung zu (quantitativem) Wachstum qualitative, neuartige Veränderungen bzw. Veränderungsreihen in ihrer zeitlichen Aufeinanderfolge.

Aus dem Fluss der Entwicklung treten für einen Beobachter oder die Beteiligten zu manchen Zeiten grössere Veränderungen hervor, die einen Übergang oder Entwicklungsschritt markieren. In Familien stellt zum Beispiel oft das Selbständigwerden der Kinder einen markanten Einschnitt dar, in Organisationen sind dies z.B. Übergänge der verschiedenen Entwicklungsphasen (diese werden auf S. 67 f. beschrieben).

4.1.3 In sozialen Systemen entsteht Ordnung spontan

Wir haben auf dieses Merkmal der Selbstorganisation bereits bei der Zielbeschreibung von OE verwiesen, wonach Organisationen als soziale Systeme unter dem Druck der Verhältnisse Ordnung spontan generieren. Konsequenz dieser Sicht ist eine viel grössere Bescheidenheit in bezug auf Machbarkeit, sowohl als Führungskraft als auch als Berater: "Organisationen verändern sich ständig, selbstverständlich, leicht und reaktiv; aber Veränderungen innerhalb von Organisationen können nicht einfach angeordnet und kontrolliert werden. Organisationen tun in der Regel nicht, was von ihnen erwartet wird."[13]

Die bereits skizzierten Grenzen der traditionellen Steuerungsversuche werden deutlich und fordern neue Lösungen und Strategien heraus. Anstatt Kontroll- und Planungssysteme immer mehr zu verfeinern, muss das Augenmerk darauf liegen, günstige Bedingungen für die Selbst-Entwicklung einer Organisation zu bieten –

---

[12] WILLKE, 1987, 92.

[13] MARCH, zitiert in: HINTERHUBER/LASKE, 1984, 14.

es geht mehr darum, einem System einen entwicklungsfördernden Rahmen zu bieten, als auf es einzuwirken.

In der Strukturierung einer Organisation folgt daraus beispielsweise "die Schaffung von – meist übersichtlichen – Organisationseinheiten mit optimalen Voraussetzungen für Selbständigkeit und Eigenverantwortung sowie einem maximalen Potential an Flexibilität, Motivation und Transparenz bei gleichzeitiger Vereinfachung und Verringerung des notwendigen Koordinationsaufwandes durch übergeordnete Stellen, Stabsstellen oder Steuerungssysteme"[14]. Strategische Geschäftseinheiten mit weitgehender Autonomie und die dazugehörigen Integrationsstrukturen, die die Vernetzung der autonomen SGE's ermöglichen, sowie die übergeordnete Unternehmensidentität als bindende Klammer sind aktuelle Bemühungen in diese Richtung.

BECHTLER verweist im selben Aufsatz darauf, dass gut ausgebildete, motivierte, engagierte und verantwortungsbewusste Mitarbeiter die Voraussetzung für Selbstorganisationsstrukturen seien[15] – im Sinne der Zielsetzung von OE könnte man auch formulieren, dass dies sich wechselseitig bedingt und fördert.

Aus dem Wissen um Selbstorganisation folgt somit keinesfalls, man könne eine Organisation sich selbst überlassen im Vertrauen darauf, dass sich die Dinge von selbst auf gute Weise entwickeln werden – die Herausforderungen an Führungskräfte und Berater in der Gestaltung von Organisationen nehmen zu, nicht ab.

4.1.4 Soziale Systeme sind komplex und erfordern eine entsprechende Komplexität im Umgang mit ihnen

Komplex bedeutet dabei sowohl eine grosse Anzahl von Elementen (Menschen, Abläufe, Sachmittel, Strukturen usw.), ein hohes Mass an Vernetzung zwischen den Elementen als auch eine hohe Anzahl von möglichen Zuständen und Entscheidungs- und Handlungsmöglichkeiten. Oder: "Komplexität bezeichnet den Grad an Vielschichtigkeit, Vernetzung und Folgelastigkeit eines Entscheidungsfeldes."[16]

Komplexität löst in der Regel das Gefühl von Unüberschaubarkeit und Instabilität aus.

---

[14] BECHTLER, 1990, 10.
[15] Vgl. BECHTLER, 1990, 11.
[16] WILLKE, 1987, 16.

Daraus resultieren sowohl Erkenntnis- als auch Handlungsprobleme: Einerseits wird es äusserst herausfordernd, was in einer Organisation abläuft, angemessen zu verstehen, ohne allzu verkürzende Beschreibungen und Vereinfachungen. Andererseits ergibt sich aus der Komplexität, "dass es stets mehr Möglichkeiten gibt, als aktualisiert werden können" und dass daher die verantwortlichen Gestalter von Organisationen, Führungskräfte und Berater, ständig gefordert sind, einzelne Möglichkeiten auszuwählen, andere zu verwerfen (sei dies die Wahl von Organisationsstrukturen, von Kunden- und Produktgruppen, die Entscheidung zur Realisierung einer von mehreren Produktideen, von Informationssystemen usw.).

Diese Notwendigkeit zur Selektion macht auch die Frage bedeutend, wer bestimmt, was relevant sein soll und was nicht – und mit welchen Mitteln und Strategien dies erreicht werden soll (Wer entscheidet im Unternehmen über eine neue strategische Geschäftseinheit, wer entscheidet, welche mehrjährigen Ziele Gültigkeit haben sollen? usw.).

- *Konsequenzen für die Gestaltung von OE-Prozessen*

Für den Umgang mit sozialen Systemen gilt die Formel, dass Komplexität entsprechende Komplexität im Umgang mit ihr erfordert. Rezepte und "how to do"-Anweisungen gehen völlig am Wesen komplexer Systeme vorbei. Dies ist eine Absage an die Brauchbarkeit traditioneller Versuche, Komplexität zu bewältigen: Probleme wurden analysiert und vereinfacht (zerstückelt, zerkleinert), in Teildisziplinen und -fragen zerlegt und von den jeweiligen Spezialisten (in Abteilungen, Stäben oder wissenschaftlichen Spezialbereichen) behandelt. Sie konnten dadurch zwar leichter und tiefgehend bearbeitet werden, jedoch mit dem Preis, dass relevante Vernetzungen und der grössere Zusammenhang dabei verlorengingen. Die Wirklichkeit in sozialen Systemen bestimmen nicht Dinge, Erscheinungen, Zahlen und Elemente, sondern die Gesamtgestalt und die Zusammenhänge – und die Menschen, die sich an der (verschwommenen, schwer greifbaren) Gesamtgestalt orientieren und nicht am messbaren Detail.

Bei Veränderungen in Organisationen sollten wir akzeptieren, dass wir oft aufgrund eines unscharfen Bildes der Situation/der Organisation handeln und entscheiden müssen. Dieses unscharfe Bild bezieht sich jedoch immer auf die Gesamtorganisation bzw. auf die ausgewählte Organisationseinheit.

In OE-Prozessen steht als Auslöser häufig eine (scheinbar) abgegrenzte Frage oder ein Problem. Aufgabe des OE-Beraters ist es, in dieser Phase die Beteiligten zu einer Sichtweise anzuregen, die das Bewusstsein für die Komplexität erhöht – sowohl in bezug auf die Ausgangssituation als auch auf die Lösungen.

Ein Prozess zur Entwicklung von Führungsnachwuchs kann zum Beispiel nicht ohne den Kontext der erfahrenen Führungskräfte, der kurz- und mittelfristig zur Verfügung stehenden Führungspositionen, der strukturellen Gegebenheiten bzw. Veränderungsnotwendigkeiten usw. eingeleitet und durchgeführt werden.

Reduktionistische Lösungen, wie sie durch den analytischen Zugang gefördert werden, sind unzulänglich, oft gefährlich: Beispiele sind Lösungen, die zwar ökonomisch erfolgreich, aber ökologisch katastrophal sind, produktionstechnisch kostengünstige Lösungen ohne Relation zu den Marktbedürfnissen, technisch faszinierende aber menschenerniedrigende Entwicklungen.

Zum Verständnis, womit bei Interventionen in komplexen Systemen zu rechnen ist, hat Heinz von Foerster mit seinem mittlerweile weit verbreiteten Vergleich von trivialen mit nicht trivialen Maschinen beigetragen, deren Unterschied darin besteht, dass bei einer trivialen Maschine (z.B. einem Auto) ein bestimmter Input zu einem genau vorhersagbaren Output führt, während bei einem nicht-trivialen, komplexen System (einem Mitarbeiter, einer Abteilung, einem Unternehmen usw.) der Output wesentlich von den internen Zuständen des Systems bestimmt wird. Oder: Die Wirkungen meines Handelns sind unterschiedlich voraussagbar, je nachdem, ob ich einen Stein oder einen Hund trete.

In diesem Zusammenhang wollen wir kurz auf einige typische Schwierigkeiten und Fallen im Umgang mit komplexen Situationen verweisen[17]:

- mangelhafte Zielbildung
- eingeschränkte und/oder stationäre Situationsanalyse
- Annahme linearer Trends
- Verkennen zeitverzögerter Wirkungen
- mangelhafte Schwerpunktbildung
- Planungsrigidität
- "reaktive" Planung
- mangelhafte Analyse von Nebenwirkungen
- Tendenz zur Überdosierung, Übersteuerung
- Tendenz, einzelne Bedingungen nur isoliert zu variieren
- Tendenz zur Dominanz (und Ignoranz vorhandener Entwicklungen)
- gewaltsame Lösungsversuche.

---

[17] Zusammenstellung von Franz REITHER, Universität Bamberg. Interessant dazu auch die Veröffentlichungen von Dieter DÖRNER, beispielsweise "Die Logik des Misslingens", 1989.

4.1.5 Soziale Systeme haben Grenzen[18]

WILLKE schreibt dazu: "Der Sinn von Grenzen liegt in der Begrenzung von Sinn. Nicht alles, was in der Welt passiert, nicht alle Ereignisse, Informationen und Zustände können von sozialen Systemen berücksichtigt und verarbeitet werden. Gegenüber einer komplexen Umwelt müssen Sozialsysteme ihre Aufmerksamkeit, ihre Zeit und Energie auf das systemrelativ Sinnvolle begrenzen. So ist etwa für eine Partei nur das wichtig, was eine politische Frage ist oder werden kann; für ein Unternehmen nur das, was Auswirkungen auf seine Produkte hat; für eine Organisation nur diejenigen Ereignisse in ihrer Umwelt, die ihre Ziele tangieren."[19]

Mit diesem Zitat wird deutlich, dass den Grenzen bzw. der Grenzziehung und dem Umgang mit Grenzen in sozialen Systemen eine zentrale Bedeutung zukommt. Die Grenze stellt eine symbolische Trennung zwischen der Komplexität dessen, was als System definiert wird und der ausgegrenzten Komplexität der Umwelt dar. Dabei sind Systeme strukturell an ihre Umwelt gekoppelt und könnten ohne Umwelt nicht bestehen. Grenzen ermöglichen dementsprechend die Identität eines Systems. "Grenzerhaltung ist daher Systemerhaltung."[20]

Salvador MINUCHIN hat eine hilfreiche Unterscheidung für die unterschiedliche Handhabung von Grenzen eingeführt. Er unterscheidet zwischen durchlässigen, klaren, flexiblen Grenzen (als anzustrebendes Optimum) einerseits und starren und diffusen Grenzen (als Übersteuerung in jeweils eine Richtung in der Balancierung von Offenheit, Austausch und Abgrenzung) auf der anderen Seite[21].

Sowohl zu starre als auch zu diffuse Grenzgestaltung stellt Organisationen – und auch Subsysteme von Organisationen in der Gestaltung der internen Beziehungen – vor spezifische Probleme: Rigide Grenzen führen zu übermäßig starker Betonung der Eigenständigkeit und Abgrenzung, auch zur einseitigen Beschäftigung mit internen Fragen, diffuse Grenzen bedrohen gegenüber der Umwelt die Eigenständigkeit und Existenz des Systems und führen intern zu verwischten Grenzen, dazu, dass alles für jeden (und jede Abteilung) Bedeutung hat und Anlass zur Einmischung ist.

Bei der Betrachtung von typischen Entwicklungsphasen von Organisationen könnte man die Differenzierungsphase als Lösungsversuch für die diffusen inter-

---

[18] Alle Systeme haben Grenzen – die Grenzen sozialer Systeme sind jedoch symbolischer Natur, es sind Sinn-Grenzen.

[19] WILLKE, 1987, 37.

[20] LUHMANN, 1984, 35.

[21] Vgl. MINUCHIN, 1983.

nen Grenzen der Pionierphase verstehen und die Integrationsphase als Ausweg aus den starren Grenzen der Differenzierungsphase.

In diesem Zusammenhang wird deutlich, wie wichtig für Organisationen eine klar formulierte Identität ist, denn davon hängt es ab, wie klar sich ein Unternehmen von seiner Umwelt abgrenzt (und in seiner Wirkung Profil bekommt) und wie leicht oder aufwendig es ist, Entscheidungen über sinnvolle Möglichkeiten zu treffen und andere auszugrenzen.

- *Für Organisationsentwicklung heisst dies:*

Die Frage der Grenzgestaltung der Organisation in bezug auf relevante Umwelten kann sowohl ein aufschlussreiches Feld in der Diagnose sein als auch ein relevantes Veränderungsziel.

Daneben ergeben sich für die Gestaltung des OE-Prozesses selbst Konsequenzen, zum einen besonders während der Orientierungsphase in der Abgrenzung des Systems, das Gegenstand des OE-Prozesses sein soll, zum anderen in der Frage, wie die Grenzen zwischen OE-Prozess und der Organisation durchlässig und klar gehalten werden können – worin ja eine konstante Herausforderung für Unternehmen besteht, die mit einer Projektorganisation die herkömmliche hierarchische Steuerungsstruktur ergänzen: Jedes Projekt muss sich, um einen relevanten Unterschied zu machen, deutlich vom Rest der Organisation abheben, gleichzeitig müssen die Beziehungen so offen sein, dass die Aktivitäten und Ergebnisse auf den Organisationsalltag einwirken können (andernfalls kommt es zu Projekten, die eine zwar interessante, aber konsequenzenlose Eigenaktivität entfalten). Die Herausforderung, die Grenze zwischen OE-Prozess und Management zu gestalten, ist ein wichtiges Lernfeld für alle Beteiligten, besonders zu Beginn des Prozesses. Neben der erforderlichen Systemdifferenzierung für den OE-Prozess kann sich im Verlauf auch das Ziel herauskristallisieren, eine adäquatere Differenzierungsform für die Organisation selbst zu entwickeln – zum Beispiel nach Geschäftsbereichen, nach Management-Systemebenen (Operatives, strategisches und normatives Management) oder in Form einer Projektorganisation.

Am Rande sei erwähnt, dass in Organisationen die häufigste Form der Systemdifferenzierung die Hierarchie ist, die LUHMANN jedoch als "Selbstsimplifikation der Differenzierungsmöglichkeiten des Systems" darstellt – mit WATZLAWICK möchten wir es eine "schreckliche" Vereinfachung" nennen. Gerade in Kleinbetrieben, die aus der patriarchalisch orientierten Pionierphase herausgewachsen sind, bewähren sich zunehmend teamorientierte, der Komplexität sozialer Systeme adäquate Strukturen, während in mittleren und grösseren Organisationen sich durch die Idee der selbständigen Einheiten flache, heterarchische Strukturen mit der Gestaltung von Netzwerken herausbilden, die auch über die Organisationsgrenzen hinausreichen – beispielsweise indem Lieferanten und Kunden in die Produktentwicklung eingebunden werden.

5. Die sieben Wesenselemente einer Organisation

Wie ordne und strukturiere ich als Berater die vielfältigen Informationen, Beispiele und Anliegen, die mir die Betroffenen (das Beratungssystem) zur Verfügung stellen?

Womit ermögliche ich den Beteiligten selbst eine Übersicht, Orientierung und Diagnose, also einen erweiterten Kontakt zu ihrer Situation, ihrer Frage, ihrem "Problem"?

Wie gelingt es mir, die Vernetztheit von Themen sichtbar zu machen?

Zur Auseinandersetzung mit welchen Fragen rege ich an, damit nicht unter dem frischen Eindruck einiger Ereignisse zentrale Bereiche unreflektiert bleiben und in der OE-Beratung eine bestimmte Sicht der Organisation sich noch verfestigt, die aufgrund ihrer Verkürzung gerade ein Teil des problematischen Zustandes sein kann?

Auf welchem Verständnis basiert ein von mir verwendetes Organisationsmodell (technisch-maschinenähnlich, systemisch-evolutionär, sehr personenzentriert usw.) und welche impliziten Annahmen zur Steuerung und Veränderung sind damit verbunden?

Wir verwenden das folgende Modell in OE-Beratungen häufig für alle diese Anforderungen - immer im Bewusstsein, dass es eine Orientierungshilfe/Landkarte ist, die weder mit dem Gelände selbst (der Einmaligkeit des beratenen Systems) verwechselt noch so selbstverständlich werden sollte, dass aus einem nützlichen Modell unter vielen anderen eine Wahrheit, ein "richtiges" Organisationsmodell wird.

Eine Leitidee der systemischen Beratung ist es, wertende und absolute Kategorien wie richtig/falsch, gut/schlecht zu ersetzen durch Kategorien wie hilfreich/nicht hilfreich, problemaufrechterhaltend/lösungsorientiert. Demnach ist es hilfreicher, mehrere Modelle zur Verfügung zu haben als nur ein einziges, weil dann die Gefahr der Verdinglichung geringer ist und es in Ihrer verantwortlichen, bewussten Entscheidung bleibt, welches Modell Sie wählen.

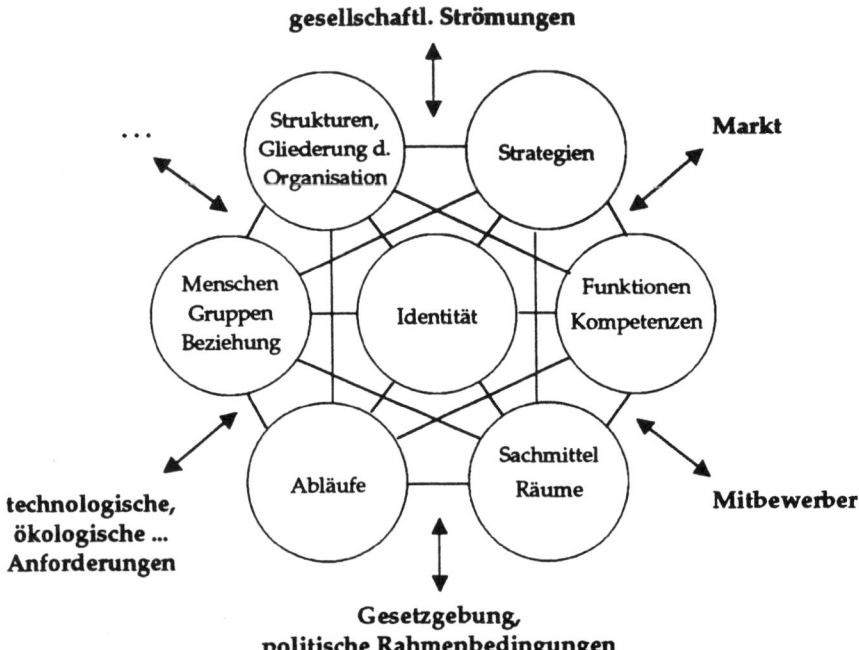

Das Bild macht die engen wechselseitigen Beziehungen der einzelnen Elemente sichtbar. Jeder einseitige Veränderungsansatz an einem einzelnen Punkt ohne die Beachtung des Wirkungsgefüges führt zu "schrecklichen Vereinfachungen" und Folgeproblemen, die aus der mangelnden Berücksichtigung der Vernetztheit entstehen.

5.1 Kurzbeschreibung der sieben Wesenselemente[22]

5.1.1 Identität

"Die Identität umfasst die eigentliche gesellschaftliche Aufgabe, den Sinn und Daseinszweck der Organisation."[23]

---

[22] Das Modell der sieben Wesenselemente ist von GLASL, 1983, 37 f.; eine Erweiterung ergibt sich aus unserer systemischen Arbeit damit.

[23] GLASL, 1983, 39.

Klar formulierte Aussagen über die Identität fördern bei den in der Organisation tätigen Menschen die Sinnhaftigkeit des eigenen Tuns, die Identifikation und können starke Zugkraft und Motivation entfalten. Eine in Leitbild und Leitsätzen formulierte Identität bildet die normative Grundlage aller Entscheidungsprozesse und trägt damit zu einer einheitlichen Handlungsausrichtung aller Mitglieder bei. Die indirekte Steuerung durch diese richtungweisenden Prinzipien ersetzt zum Teil klassisch-direktive Steuerungsversuche.

Der Unterschied ist grundlegend: Im einen Fall werden "Eckpfeiler" vorgegeben, die die Vielfalt der Möglichkeiten sinnvoll eingrenzen, Komplexität reduzieren und innerhalb des gesteckten Rahmens Selbstorganisation fördern; im anderen Fall werden soziale Organisationen per Anweisung geführt, als ob sie auf Knopfdruck funktionieren würden.

Sind die Fragen "Wer sind wir?", "Welchen einmaligen Nutzen stiften wir?" nicht oder nur vage zu beantworten, können Auflösungstendenzen, Orientierungs- und Hilflosigkeit und "chronische Konflikte" bei existenziellen Entscheidungen die Folge sein.

Neben dieser Wirkung nach innen präsentiert sich eine Organisation mit einer klar formulierten Identität unverwechselbar und markant in der Umwelt. Identität ist nicht gleich Leitbild. Die beschriebene Wirkung entsteht nicht in erster Linie aus dem Vier-Farben-Glanz-Prospekt als Endprodukt, sondern aus den Diskussionen und dem Prozess, die (auch) in ein Leitbild münden.

5.1.2 Konzepte, Strategien und langfristige Ziele - Visionen und Zukunftsträume

Dieses Wesenselement umfasst die langfristig-strategischen Überlegungen und Konzepte zur Sicherung und Entwicklung des Erfolgs und der Lebensfähigkeit einer Organisation.

Diese Überlegungen können lediglich im Kopf einer einzigen Führungskraft vorhanden sein und vorgelebt werden (z.B. in einem Pionierbetrieb), sie können in Expertenstäben und strategischen Planungskommissionen ausgearbeitet werden und anschliessend unter strenger Vertraulichkeit nur einem engen Kreis oberster Führungskräfte bekannt sein; sie können in einem viel breiteren Kreis gemeinsam entwickelt und offen kommuniziert werden mit der Idee, dass nur das, was bekannt ist, auch umgesetzt und gezielt verfolgt werden kann.

Strategisches Denken und Führen wird manchmal in verkürzter Sichtweise gleichgesetzt mit strategischer (i.S.v. mehrjähriger) Planung, konkret mit einigen klassischen Planungsinstrumenten, die insbesondere für Grossorganisationen entwickelt wurden, um über das operative Tagesgeschäft hinaus langfristig die

Lebensfähigkeit und den Kurs einer Organisation zu sichern. Heute wird bereits eine "Sackgasse des strategischen Managements" (in der klassischen, von Fachexperten tradierten Form) konstatiert: die Idee der Beherrschbarkeit hat sich auch in bezug auf Marktentwicklungen und Kundenverhalten theoretisch wie praktisch als Illusion erwiesen, es kam zu einer Überbetonung der Instrumente und zu einer Überschätzung des Verstandes[24].

Zu diesem Wesenselement gehören auch jene Programme, Normen und Regelungen, die nirgends "offiziell" beschrieben sind und über die bei keiner Sitzung gesprochen wird, die aber dennoch das Verhalten der Organisation und ihrer Mitglieder wesentlich beeinflussen. Neben den "rationalen" Konzepten, Strategien und Zielen haben Visionen und Zukunftsträume von einflussreichen Personen in Organisationen eine besondere Kraft. Träume sind dabei das gänzlich offene, grenzenlose, richtungslose und ungebundene Zukunftsbild der Organisation. Visionen deuten bereits Richtungen an. Träume und Visionen sind intuitive Wesensmerkmale der Organisation.

Ohne Träume verhungern Visionen.
Ohne Visionen finden sich keine Ziele.
Ohne Ziele gibt man auf, bevor begonnen wurde.
(W. PECHTL)

5.1.3 Strukturen

Strukturen sind (Ordnungs-)Muster im weitesten Sinne, die der Kontinuität und Komplexitätsreduktion dienen. Aufbau- und Ablauforganisation vereinfachen die vielfältigen Möglichkeiten der Mitglieder, miteinander in Kontakt zu treten, sich den Arbeitsprozess zu teilen, einander Anweisungen zu geben, Entscheidungen zu treffen und schaffen Konstanz. In jeder Organisation lassen sich formale und informale Strukturen unterscheiden. Eine hervorgehobene Bedeutung erhält dieses Element durch die systemische Perspektive, wonach Organisationen strukturdeterminiert sind (s. S. 38 f.).

5.1.4 Menschen und Gruppen

Jede Veränderung in Organisationen kann letztendlich nur über Menschen erfolgen, gleichzeitig ist das Verhalten aller Beteiligten immer in Verknüpfung mit der Gesamtorganisation und ihren Wesenselementen zu sehen. OE hat neben der be-

---

[24] Vgl. MANN, 1988.

wussten Gestaltung der Beziehungen im Innenverhältnis der Organisation auch die Gestaltung der Beziehungen nach aussen und an den Knoten zwischen innen und aussen zum Ziel: Ein externer Verkaufstrainer beispielsweise muss zur internen Kommunikationskultur und zum praktizierten Menschenbild passen. Wertschätzung und Fairness können sich nicht auf das Innenverhältnis beschränken, sondern haben auch für Kunden und Konkurrenten zu gelten und umgekehrt.

OE arbeitet hier an den Denkweisen, Wahrnehmungen, Gefühlen, Einstellungen, Beziehungen, am Klima und Verhalten.

Führungskräfte nehmen aufgrund ihrer besonderen Einflussmöglichkeiten eine exponierte Stelle ein, wenn es um Lernfähigkeit, Entwicklung, Hinterfragung ihrer Funktion, ihres Selbstverständnisses und ihrer Leistung geht.

5.1.5 Funktionen

Die Lebensfähigkeit von Organisationen bedingt, dass bestimmte Funktionen von einzelnen, Gruppen oder Teilbereichen wahrgenommen werden: Innovation, Beschaffung notwendiger Rohstoffe und Hilfsmittel, Verwaltung und Steuerung der finanziellen Mittel, Steuerung und Koordination, Verkauf usw.

Bei jeder Funktion lassen sich folgende vier Aspekte unterscheiden:

a) *Verantwortung* im Zusammenhang mit einer Funktion;

b) *Rolle*: Erwartungen und Einstellungen der Betroffenen bei der Ausübung ihrer Funktion;

c) *Aufgaben*: Tätigkeiten und Verrichtungen, die konkret vom Funktionsträger erwartet werden;

d) *Kompetenzen*: Befugnisse und Anforderungen des Funktionsträgers bei der Ausübung der Funktion - Grenzen, innerhalb derer er selber entscheiden kann, wann er andere konsultieren muss usw.[25]

In Organisationen sollten in Abständen Reflexionen darüber stattfinden, was die wesentlichsten Funktionen sind, ob diese entsprechend personell abgesichert und definiert sind, was die einzelnen Funktionsträger voneinander brauchen, um ihren Beitrag leisten zu können und ob die oben zitierten vier Aspekte sinnvoll aufeinander abgestimmt sind. Auch ist es sinnvoll, Aufgaben immer wieder auf ihre Funktion zu hinterfragen, da diese unter Umständen unreflektiert weitergeführt

---

[25] Vgl. GLASL, 1983, 39.

werden, obwohl die Funktion längst auf andere Weise erfüllt wird bzw. erfüllt werden könnte.

OE-Prozesse führen häufig dazu, dass einzelnen Funktionsträgern deutlich wird, was alles zu den von ihnen wahrzunehmenden Funktionen gehört. Ein Beispiel ist, dass Funktionslücken der Führungskräfte deutlich werden.

5.1.6   Prozesse, Abläufe

Dieses Element umfasst Prozesse und Abläufe in allen Bereichen der Organisation, aber auch Prozesse der Information, Entscheidungs- und Zielfindung, Innovation, der Logistik, das Zusammenspiel der Wertkette usw.

5.1.7   Sachmittel

Dazu gehören Geldmittel, Gebäude, Maschinen und Geräte, Anlagen, Grundflächen, Material, Betriebsmittel, Räumlichkeiten und deren Ausstattung, Transportmittel sowie Informations- und Kommunikationsmedien.

OE kann und wird bei einem dieser sieben Elemente ansetzen, sie muss jedoch stets die Verknüpfung der Elemente untereinander und mit der Organisationsumwelt berücksichtigen. Im allgemeinen ist jenes Element Ansatzpunkt für Veränderung, das von den Organisationsmitgliedern als vordringlich zu behandelnder Störfaktor, Engpass oder "blinder Fleck" im Organisationsalltag betrachtet wird.

Wenn dabei jedoch der systemische Blick für die Dynamik und die Wechselwirkungen des Ganzen fehlt, finden allenfalls punktuelle Änderungen des Systems statt, aber keine Entwicklung des Gesamtrahmens.

Zu beachten ist bei einer Diagnose der Wesenselemente, welche Aussagen formal umschrieben sind (z.B. in einem Leitbild, in Stellenbeschreibungen, in PR-Artikeln, in Ablaufplänen usw.) und welche Aussagen informellen Charakter haben, also spontan gewachsene, gewohnheitsmässige Formen sind. Hier gilt es, den Blick zu schärfen für Brüche, Widersprüche und blinde Flecken zwischen Organisationsalltag und formalen Aussagen über die Organisation.

5.2 Einige Fragen zur Selbstdiagnose

Mit den folgenden Impulsfragen regen wir Sie an, individuell oder unter Einbeziehung einiger Führungskräfte, Mitarbeiter oder Kollegen eine Standortbestimmung vorzunehmen:

- *Identität* (bezogen auf Ihr Unternehmen bzw. einen Führungsbereich)
- Wie würden Sie das Selbstverständnis, die Eigenart Ihres Unternehmens(bereichs) beschreiben?
- Welche Werte und Normen werden bei Ihnen hochgehalten?
- Worauf wird im Umgang mit Kunden besonderer Wert gelegt?
- Wofür sind Sie bekannt?
- Welches Image haben Sie bei Kunden, Mitbewerbern, in der relevanten Umwelt ("Kunden" meint auch organisationsinterne Partner, Nutzer Ihrer Produkte oder Dienste)?
- Welchen Nutzen stiftet Ihre Organisation/Ihr Bereich für die Kunden?
- Wofür sollte Ihre Organisation/Ihr Bereich in drei Jahren bekannt sein?

- *Konzepte, Strategien*
- Welche grundsätzlichen zukunftsbezogenen Überlegungen/Strategien gibt es?
- Welche neuen Anforderungen und Veränderungen kommen in nächster Zeit auf Sie zu?
- Wie kommen Strategien/Ziele zustande? Wer ist an der Erarbeitung beteiligt?
- Wer ist wie darüber informiert?
- Wie werden diese abgesichert und kontrolliert? Durch wen?
- Mit welchen besonderen Stärken korrespondieren die Strategien?
- Welche Tendenzen in der Umwelt zeigen sich?
- Was ist Ihr persönlicher Traum, Ihre Vision für die Organisation/den Bereich in zehn Jahren?

- *Strukturen*
- Was erleben Sie an der Gesamtstruktur Ihrer Organisation derzeit als förderlich bzw. hinderlich?

- Welche Steuerungsstrukturen gibt es und wie gut funktionieren diese?
- Welche radikal andere Struktur könnten Sie sich für die Organisation/Ihren Bereich vorstellen? Was wäre dann anders?
- Welche Koordinationsstrukturen gibt es und wie funktionieren diese (Besprechungen und andere Kommunikations-, Informations- und Handlungskanäle)?
- Welche Strukturen neben der (i.d.R. stabilitätwahrenden) Aufbauorganisation gibt es und welche davon sichern Erneuerung, Veränderung ab (z.B. Projektstrukturen)?

- *Menschen*

Mitarbeiter:
- Wie beurteilen sie die derzeitige und zukünftige Mitarbeiterstruktur (Anzahl, Qualifikation, Alter, Geschlecht usw.)?
- Wie erleben Ihre Mitarbeiter ihre Arbeit?
- Wie beurteilen Sie die Fähigkeiten, das Wissen und Können Ihrer Mitarbeiter für bestehende und künftige Aufgaben?
- Wie wirken sich Identifikation, Verhalten und Motivation auf die Leistung aus?
- Wie erleben Sie die Zusammenarbeit und das Betriebsklima in der Gesamtorganisation/in Ihrem Bereich?
- Wo erleben Sie Reibungen, Konflikte zwischen Personen bzw. Gruppen/Abteilungen?
- Wofür erhält man bei Ihnen Anerkennung, Lob, wofür wird man bestraft?
- Welche Aspekte der Arbeit werden besonders betont (Qualität, Schnelligkeit, Kosten usw.)?
- Wie ist Personalentwicklung organisiert und wie findet sie statt?

Führung/Steuerung:
- Welchen Stellenwert und welches Ansehen hat Führungs- und Steuerungsarbeit in Ihrer Organisation/Ihrem Bereich?
- Welche Erwartungen bestehen an eine gute Führungskraft (aus der Sicht der Mitarbeiter, aus der Sicht des Vorstands bzw. der Geschäftsleitung)?
- Was heisst/umfasst Führen/Steuern für Sie/in Ihrer Organisation?

- *Funktionen*
  - Sind Funktionen und Aufgaben klar definiert und mit Kompetenz ausgestattet?
  - Welche Funktionen gelten als besonders wichtig, welche als nebenrangig/undankbar?
  - In welcher Form wird das Wahrnehmen von einzelnen Funktionen kontrolliert?
  - Für welche Funktionen fühlt sich niemand zuständig?
  - Können Funktionen in Frage gestellt und überdacht werden oder sind diese sehr eng mit dem Funktionsinhaber verknüpft, so dass diese Reflexion als "Angriff" oder "Bedrohung" für die eigene Tätigkeit empfunden würde?

- *Abläufe/Prozesse*
  - Wie beurteilen Sie die wesentlichsten Abläufe in ihrer Organisation/Ihrem Bereich?
  - Wo erleben Sie Engpässe?
  - Sind Abläufe und Prozesse eher stark formalisiert und geregelt oder läuft vieles spontan, ad hoc? Erleben Sie dies als hilfreich?
  - Wie kommen Entscheidungen zustande?
  - Welche Abläufe und Prozesse fördern Routine, Vereinfachung, welche fördern Flexibilität?

- *Sachmittel*
  - In welchem Zustand und auf welchem Standard sind Räume, Anlagen, EDV-Systeme und Ausstattung?
  - Wie werden die Arbeitsbedingungen seitens der Mitarbeiter aufgrund der Sachmittel beurteilt?
  - Kommen Kunden und Mitarbeiter gern in Ihr Haus?
  - Wie ist die finanzielle Situation Ihrer Organisation/Ihres Bereichs und welche Entwicklungen stellen Sie sich in den nächsten zwei Jahren vor?

- *Umwelt, Mitbewerber, Markt*
  - Welche besonderen Chancen, Tendenzen oder Risikofaktoren sehen Sie in den bestehenden und potentiellen Märkten?
  - Welche relevanten Stärken und Schwächen hat Ihre Organisation/Ihr Bereich im Vergleich zur Konkurrenz?
  - Welche Entwicklungen bei Mitbewerbern sind erkennbar?

Noch eine Anregung, um auf eine ganz andere Art ein Bild, einen ersten Eindruck von Ihrer Organisation zu bekommen:

Laden Sie eine bekannte aber betriebsfremde Person zu einem Rundgang ein, bei dem sie möglichst viele Eindrücke auf sich wirken lassen soll: Bilder, Eingangshalle, Büros und Produktionsstätten, Betriebsleitung, Pausenrituale, Anschlagbretter, Erscheinung und Auftreten der Betriebsangehörigen. Wo sitzt wer? Wie fühle ich mich in dieser Umgebung? Wer spricht mit wem? Was fehlt? Was wird "herausgestrichen"?

Die Summe dieser Wahrnehmungen von einem aufmerksamen Beobachter wird Ihnen einen interessanten Ersteindruck über die Organisation vermitteln.

Was besagen die Eindrücke über die Wesenselemente Ihrer Organisation?

_____

_____

_____

_____

Bei welchen Eindrücken fällt es Ihnen schwer, sie zu akzeptieren? Werden hier vielleicht Brüche zwischen dem Soll-Bild und der Realität der Organisation deutlich?

_____

_____

_____

_____

6. Organisationstypen

Es gibt zahlreiche Versuche, eine Typologie bzw. Klassifizierung von Organisationen zu entwerfen. Typisierungen wurden beispielsweise nach der Art der Machtausübung, nach dem primären Nutzniesser der Organisation, nach der Leistung für die Gesellschaft vorgenommen.

Alle diese Einteilungen betonen jedoch ein Merkmal übermässig. Deshalb kommt es zu vielen Überschneidungen, Prognosen für die Gesamtorganisation sind kaum möglich und die Kriterien für die Einteilung erweisen sich für den Praktiker oft wenig relevant.

In unseren OE-Beratungen hat sich die folgende Typologie[26] sowohl als Hintergrundmodell für den Berater als auch als Orientierungs- und Gestaltungshilfe für die Organisationsmitglieder selbst bewährt.

6.1 Eine nützliche Typologie von Organisationen

Organisationtypus	*Aspekt des Menschenbildes, der im Vordergrund steht:*
Dienstleistungsorganisation	soziale Dimension
Produktorganisation	körperliche Dimension
Schöpferische Organisation (Organisation der Professionals)	geistige Dimension

---

[26] Der Typologie von BOS wurde von GLASL das dreidimensionale Menschenbild zugeordnet. Wir verwenden durchgängig den Ausdruck "schöpferische" anstelle von "professionelle Organisation.

Diese Typologie ist im Rahmen von OE-Prozessen nützlich,

- wenn bei den Mitarbeitern einer Organisation(seinheit) die Identitätsfindung, die Auseinandersetzung mit der Frage nach dem Sinn und Zweck der eigenen Einheit unterstützt oder angeregt werden soll,
- wenn durch die Auseinandersetzung mit den Charakteristika und Herausforderungen des entsprechenden Organisationstyps das Verständnis für aktuelle, möglicherweise diffus vorhandene Schwierigkeiten gefördert und gleichzeitig Entwicklungsperspektiven aufgezeigt werden sollen (das Darstellen der O-Typologie hat oftmals entlastenden Charakter für die Beteiligten, da vorhandene Schwierigkeiten als "typisch" erkannt und damit unter Umständen erstmals nicht mehr ausschliesslich dem Unvermögen der Beteiligten in Form von lähmenden Schuldzuweisungen zugeschrieben werden),
- um Anregungen für die generelle Richtung des OE-Prozesses zu machen,
- um als Berater anhand des Modells Hypothesen über die Funktionsweise der konkret beratenen Organisation(seinheit) zu entwickeln und davon abgeleitet Unterschiede/Erklärungen zu den derzeitigen Sichtweisen der Betroffenen anzubieten.

Beachten Sie, dass innerhalb einer Organisation oft zwei oder alle drei Typen existieren. So sollte beispielsweise die Fertigung eines Automobilerzeugers den Anforderungen der Produktorganisation entsprechen, die F+E-Abteilung den Kriterien der schöpferischen Organisation, der Verkauf und Kundendienst dem Typus der Dienstleistungsorganisation. Probleme in einer Organisation können gerade daraus entstehen, dass den unterschiedlichen Erfordernissen in der Führung und Gestaltung des jeweiligen Bereiches nicht entsprochen wird - was im einen Bereich nützlich ist, kann im anderen gerade dysfunktional sein.

Beispiel: Die Stärke eines Herstellers von Holzfertigteilen liegt in der Kombinierfähigkeit seiner Produkte und in der raschen Lieferfähigkeit, da vieles halbfertig auf Lager produziert werden kann. Bei der Einrichtung einer Personalentwicklungs-Abteilung übertrugen Geschäftsführer und Führungskräfte diese Erfolgsprinzipien (unreflektiert) auf die neue Funktion: Auch hier sollten leicht und vielfältig kombinierbare Baukastensysteme zur Weiterbildung entwickelt werden und rasch "lieferbar" sein. Als in dieser Situation durch den Berater die Idee der Organisationstypen und deren unterschiedliche Anforderungen eingeführt wurde, kam eine interessante Auseinandersetzung und Aushandlung zwischen den Interessen der verschiedenen Unternehmensbereiche in Gang.

6.2 Charakteristik der Organisationstypen[27]

6.2.1 Die Dienstleistungsorganisation

- *Merkmale*
- Der Organisationszweck ist das "Produzieren eines Prozesses", durch den in erster Linie psychische Bedürfnisse befriedigt werden; Beispiel: Die Dienstleistung eines Reisebüros ist die Lösung eines Problems für Transport, Unterbringung, Erlebnismöglichkeiten eines Kunden. Dadurch werden seine Bedürfnisse nach Sorgenfreiheit, Sicherheit oder Abenteuerlichkeit, Zuverlässigkeit befriedigt. Eine Bank liefert durch den Prozess der Beratung, Betreuung, Verwaltung von Informationen, Spareinlagen und Krediten usw., Sicherheit und eventuell auch Prestigegefühl für den Kunden.
- Für das Image eines Dienstleistungsbetriebes stehen deshalb subjektive und persönliche Merkmale im Vordergrund: Genauigkeit, Zuverlässigkeit, Vornehmheit usw.
- Eine Dienstleistungsorganisation kann nicht auf Vorrat produzieren; die Leistung vollzieht sich aufgrund eines konkreten Anstosses des Kunden im "Hier und Jetzt", Ressourcenverwaltung, Planung, Auslastungsspitzen usw. sind deshalb permanente Herausforderungen und erfordern hohe Flexibilität.
- Die Dienstleistungsorganisation steht in ihrer Leistungserbringung immer in einer unmittelbaren Wechselbeziehung mit dem Kunden.
- Im Dienstleistungsbereich muss der "Servicegeist" und der Respekt für die Anliegen des Kunden an erster Stelle stehen, denn die Differenzierung erfolgt mehr durch das WIE, die entsprechende Haltung, als durch das WAS.
- Aus Rücksicht auf den Kunden sind einer weit fortgeführten Arbeitsteilung Grenzen gesetzt. Dienstleistungsorganisationen erkennen, dass sie ihre Kunden nicht einer unbegrenzten Anzahl von Spezialisten aussetzen dürfen, weil sie damit jedesmal auf's Neue psychische Bedürfnisse des Kunden bedrohen würden: Es ist besser, wenn ein Kunde im Grunde immer wieder mit ein und derselben Kontaktperson zu tun hat. Beispiel: Banken gehen von Schaltern ab, die auf bestimmte fachliche Handlungen spezialisiert sind und richten mehr und mehr Schalter ein, an die sich ein Kunde mit allen Anliegen wenden kann oder sie führen Kundengruppenverantwortliche ein.

---

[27] Wir folgen den Ausführungen von BOS und GLASL. Vgl. dazu GLASL, in: SIEVERS/SLESINA, 1980, 99 ff.

- Die Qualität der direkten Beziehungen zwischen dem Dienstleistungsbetrieb und dem Kunden steht im Mittelpunkt.
- Die Qualität und die Kooperationsfähigkeit der Mitarbeiter entscheiden über den Erfolg.

- *Beispiele von Dienstleistungsorganisationen*

Banken, Versicherungen, Krankenhäuser, Behörden, Interessensvertretungen, Öffentliche Verwaltung, Restaurants, Hotels, Fluglinien, Reisebüros usw.

- *Herausforderungen und Gefahren*
- Der Kunde erlebt das Funktionieren der Organisation während der Leistungserstellung unmittelbar am eigenen Leib. Beispiel: Wenn wir uns zum Finanzamt begeben und dort unsere Akte herausgesucht wird, Daten geklärt und unter bestehende Normen subsumiert werden, dann erleben wir selbst die Momente, in denen die verschiedenen amtlichen Funktionen schlecht aufeinander abgestimmt sind, wenn es zu negativen Kompetenzkonflikten kommt und wir vom einen Schalter zum nächsten komplimentiert werden.
- Die interne "Wirklichkeit" – ein schlechtes Betriebsklima oder geringe Identifikation seitens der Mitarbeiter – färben direkt auf die Qualität der Dienstleistung ab. Beispiel: Wenn unter den Mitarbeitern Spannungen und Konflikte herrschen, kann dies der Kunde unmittelbar durch längere Wartezeit (bis der "zuständige" Mann Zeit hat), durch knappe und unbefriedigende oder unwillige Beratung usw. spüren.
- Im individuellen Mitarbeiter erlebt der Kunde symbolisch die gesamte Organisation; Beispiel: Wir ärgern uns über die Hochnäsigkeit eines Beamten, über die Interesselosigkeit eines Versicherungsvertreters oder über die Oberflächlichkeit und Gereiztheit der Person am Schalter - und urteilen aufgrund unserer Erfahrungen über die Gesamtorganisation ("Moments of truth" nennt Jan CARLZON jene entscheidenden ersten zehn Sekunden im Kundenkontakt, während denen sich beim Kunden eine Meinung und ein Bild von der Gesamtorganisation entwickelt, wie sie sich ihm durch den aktuellen Einzelkontakt präsentiert).
- Die Standardisierung von Leistungen (z.B. Versicherungspakete, Pauschalarrangements im Fremdenverkehr) trägt stets die Gefahr in sich, am individuellen Kundenbedürfnis vorbeizu"produzieren" - sei dies auch nur im subjektiven Erleben des Kunden, der etwas Massgeschneidertes für sich erwartet.

- *Ziele von OE*
- Das Betriebsklima, das sich unmittelbar nach aussen, auf die Kunden und auf die Leistungsfähigkeit auswirkt, konstruktiv gestalten.
- Die Achtung der Person (Mitarbeiter, Kunden, Geschäftspartner), Gleichheit und Fairness fördern und ein entsprechendes Kommunikationsverhalten entwickeln.
- Organisationsstrukturen und Fähigkeiten bei den Mitgliedern entwickeln, durch die auf individuelle Wünsche und Besonderheiten des Kunden eingegangen werden kann - dies erfordert insbesondere Autonomie, Handlungs- und Entscheidungsspielräume für die Mitarbeiter mit unmittelbarem Kundenkontakt.
- Den psychischen Grenzen der Arbeitsteilung auch von Seiten der Kunden durch Teamarbeit bzw. Gruppenberatung und -betreuung begegnen.
- Breite Qualifikationen bei denjenigen Mitarbeitern, die vorwiegend Kundenkontakt haben, durch eine institutionalisierte Personalentwicklung fördern.
- Die Führung auf der normativen (grundsatz- bzw. regelorientierten) Ebene stärken.

6.2.2 Die Produktorganisation

- *Merkmale*
- Es werden materielle Güter produziert, die sich von den Menschen, von denen sie produziert werden, völlig trennen können: in vielen Fällen merkt der Kunde von der Organisation, die die von ihm gekauften Produkte erzeugt, nichts.
- Mechanische, physische Produktionsmittel bzw. Mensch-Maschinen-Systeme prägen diesen Typus.
- Entsprechend der Arbeitsteilung nehmen die Funktionsebenen zu, um die Kontrollspanne überschaubar zu halten, das heisst in der Regel eine steile (vielstufige) Hierarchie.
- Arbeitsteilung und hochautomatisierte Produktionsstrassen sind dominante, prägende Merkmale.
- Durch die Entwicklung der Robot-Technik und den Einsatz komplexer Produktionsplanungs- und -steuerungssysteme stehen gravierende Struktur- und Prozessänderungen bevor bzw. sind bereits im Gange.
- Planungs- und Koordinationsstellen nehmen einen wichtigen und "objektiven" Platz ein.

- Das Ergebnis der Einzelleistung ist "objektiv", quantitativ messbar und damit leicht kontrollierbar.

* *Herausforderungen und Gefahren*
- Neben den technologisch-produktorientierten Anforderungen müssen die physischen, geistigen und sozialen Bedürfnisse der Mitarbeiter beachtet werden. Ergonomie, körperliche Bedienung einer Maschine, Schutz vor Lärm, Staub, Hitze und anderen Schäden des Körpers sind wichtig; Monotonie infolge eintöniger (Fliessband-)Arbeiten führt zu psychischer Abstumpfung und in der Folge zu körperlicher Ermüdung, mangelnder Leistungsfähigkeit und Erhöhung von Arbeitsunfällen; Isolation und soziale Verarmung sind auch im Privatbereich mögliche Auswirkungen der Vereinzelung am Arbeitsplatz.
- Betriebe stellen oft nur noch Teile des Gesamtproduktes her, wodurch der Sinn der eigenen Tätigkeit und der Nutzen des Produkts nicht mehr oder nur durch Kommunikation vermittelt werden kann.
- Wegen der hohen Anschaffungskosten für mechanische Produktionsmittel entstehen oft auch in kleinen Einprodukt-Organisationen ähnliche Produktionsbedingungen wie in grossen Produktionsstrassen.
- Die gesamte Organisation wird nach den Kriterien des dominanten Organisationstypus gestaltet, obwohl für einzelne Bereiche oder Abteilungen unterschiedliche Merkmale gelten.
- Wenn bereits die Basis der physischen Arbeit unzureichend organisiert ist, dann manifestieren sich die Probleme oft in den anderen Bereichen: Der Betriebsrat kämpft um Prämien, Lärmzulagen usw. als Ersatz für die eigentlichen Probleme der Lärm- und Staubbelästigung. Probleme werden auf andere Ebenen verlagert, etwa auf den Beziehungsbereich, sie werden umformuliert, letztendlich aber nicht gelöst.

* *Ziele von OE*

Grundsätzlich gilt es, die sinnvollerweise nebeneinander bestehenden Organisationstypen in den einzelnen Bereichen zu verdeutlichen, das Verständnis gerade für Unterschiede in der Gestaltung und Führung des jeweiligen Bereiches zu fördern und vor diesem Hintergrund strukturelle Spannungen transparent zu machen. Strukturell meint hier, dass ein gewisses Konfliktpotential sich infolge der Ausdifferenzierung der einzelnen Bereichserfordernisse und -interessen ergeben *muss*, wobei die Kenntnis der Typologie eine sachliche Auseinandersetzung im Gegensatz zu einem Personifizieren der Herausforderungen in Form von Sündenböcken fördern kann. Problematisch für die Lebensfähigkeit einer Organisation ist es eher, wenn beispielsweise die Interessen der Produktion oder des Verkaufs einseitig dominant werden und das gemeinsame Ringen um eine adäquate Lösung im Dilemma zwischen grosser Stückzahl zwecks Produktionsvorteil und dem aufwendigen Sonderwunsch eines Kunden unterbleibt.

- *Ziele für die Gestaltung der Arbeit*
- Abwechslungsreiche, herausfordernde Arbeitsplätze beispielsweise durch Rotation von Aufgaben innerhalb von Teams und zwischen verschiedenen Arbeitsgruppen schaffen.
- Die Resultate der Arbeit erlebbar machen.
- Die Produktionsgeschwindigkeit durch die Mitarbeiter (mit-)steuern lassen, nicht nur als Vorgabe der Maschinenkapazität.
- Die Aufgaben so strukturieren, dass sie ein sinnvolles Ganzes bilden, beispielsweise durch (teil-)autonome Arbeitsgruppen.
- Die Mitarbeiter bei Arbeitsplanung, Durchführung und Kontrolle beteiligen (Selbstkontrolle anstelle von Fremdkontrolle im Rahmen des Produktionsprozesses).

6.2.3 Die schöpferische Organisation (die Organisation der Professionals)

- *Merkmale*
- Der Hauptzweck ist das Produzieren von Ideen (Theorien, Plänen, Konzepten, Methoden, Interventionen, Handlungsalternativen, Technologien usw.), wodurch vor allem geistige Bedürfnisse der Organisationsmitglieder befriedigt werden.
- Die professionelle Freiheit der Mitglieder ist das wichtigste Gestaltungsprinzip - Voraussetzung dafür ist das professionelle Selbst-Verständnis der Mitarbeiter.
- Kontinuierliche Lern- und Entwicklungsprozesse sichern die langfristige Lebensfähigkeit.
- Lösungen haben oftmals eine geringe "Halbwertszeit", Wissen veraltet rasch, der Innovationsdruck ist hoch.
- Der Aufwand für die Leistungserbringung ist schwer kalkulierbar und die Balance zwischen Unter- und Überauslastung eine beständige Herausforderung.

- *Beispiele professioneller Organisationen*

Forschungseinrichtungen, technische Büros, Bildungs- und Beratungsorganisationen, Schulen, Werbeagenturen, Entwicklungsabteilungen (Produktentwicklung, Personalentwicklung usw.), ein Ärzteteam im Krankenhaus, Software-Organisationen, EDV-Abteilungen usw.

- *Herausforderungen und Gefahren*
  - Starre Führungshierarchie verträgt sich nicht mit den Erfordernissen dieses Organisationstypus (Kreativität, Originalität, neuartige Lösungen sind nicht per Anweisung produzierbar).
  - Bürokratische Regelungen und Formalismen sind tödlich.
  - Standardisierung der Arbeit ist nur in engen Grenzen möglich, läuft in der Regel der Idee der "schöpferischen" Organisation zuwider.
  - Die Beurteilung der Leistung ist aus Kundensicht nur schwer möglich, woraus die Verpflichtung zu einer besonderen Berufsethik für die Professionals erwächst.
  - Die schöpferische Tätigkeit selbst wird häufig als interessanter und herausfordernder angesehen als die ebenso notwendigen Managementfunktionen, weshalb Führungsaufgaben zu wenig wahrgenommen werden. Beispiel: der Leiter der Personalentwicklung fühlt sich selbst am wohlsten und stärksten, wenn er selbst in einem Kurs zur Führungskräfteentwicklung oder einem Problemlösungsworkshop tätig ist - Anfragen von (internen) Kunden verführen immer wieder dazu, Führungsaufgaben aufzuschieben.
  - Die Leistungen werden oft individuell erbracht und in den Räumen des Kunden, woraus sich die Gefahr des Auseinanderdriftens ergibt - kohäsionsfördernde Teamstrukturen bilden einen wichtigen Gegenpol.

- *Ziele von OE*
  - Vielfältige Lern- und Reflexionsmöglichkeiten anbieten und institutionalisieren:

  Typgerechte Strukturelemente (besonders für Beratungs- und Entwicklungsorganisationen) sind: Supervision, Lernpartnerschaften, Intervision, Entwicklungsgruppen;
  - adäquate Führungsfunktionen und Steuerungsstrukturen entwickeln:

  Führung stützt sich in der schöpferischen Organisation auf klare Vereinbarungen und Rahmenbedingungen, auf diskutierte, vereinbarte und kontrollierte Grundsätze und Normen, auf gemeinsam erarbeitete Strategien und Ziele mit breiter Akzeptanz seitens der Betroffenen und auf lebendige, flexible Koordinationsstrukturen.

Steuerung und Strukturen sollen professionelle Freiräume garantieren, Anforderungen an die Professionalisten erlebbar machen, die laufende Weiterentwicklung der Mitarbeiter fördern und fordern, Grundsätze und Normen als Leitlinie erlebbar machen und Reflexion des eigenen Tuns fördern und fordern. Starre Führungshierarchie verträgt sich nicht mit diesem Organisationstyp! Beispiel: In einer Beratergruppe wurden die Managementfunktionen von den geschäftsführenden Beratern selbst definiert, konkretisiert und verteilt und es wurde gleichzeitig vereinbart, diese Verteilung im Zweijahresabstand zu reflektieren und gegebenenfalls neu zu vereinbaren. Die Entwicklung der Gesamtstrategie erfolgt unter starker Berücksichtigung der persönlichen beruflichen Strategien, angesichts der Tatsache, dass die Leistungen sehr personengebunden erbracht und nachgefragt werden.

- *Einige Fragen zur Selbstdiagnose*

Welchem Typus entspricht Ihre Organisation als Gesamtsystem?
- ☐ Dienstleistungsorganisation
- ☐ Produktorganisation
- ☐ Schöpferische Organisation

Lassen sich bestehende Spannungen, Unklarheiten, Konflikte anhand der Merkmale der Organisationstypen erklären? (Welche?)

_____

_____

Was sind Stärken und Erfolgspotentiale Ihrer Organisation?

_____

_____

Wie/wo könnten diese noch stärker genützt werden?

_____

_____

Was würden (vermutlich) Ihre internen und externen Kunden als wichtige Merkmale Ihrer Organisation/Abteilung ... beschreiben? Welche Werte und Prinzipien werden dabei erkennbar?

_____

_____

_____

_____

Welche erste Richtung für den OE-Prozess ergibt sich daraus?

_____

_____

7. Entwicklungsphasen einer Organisation[28]

Wir haben Organisationen als soziale, evolvierende (sich entwickelnde) Systeme definiert. In diesem ständigen Fluss der Entwicklung/Veränderung hat LIEVEGOED drei typische Phasen identifiziert:
- die Pionierphase,
- die Differenzierungsphase
- die Integrationsphase.

Jede Phase hat ihre spezifischen Merkmale und Krisenerscheinungen, wobei jede folgende Phase die Antwort auf die offensichtlichen Schwächen und Grenzen der vorhergehenden und deren Weiterentwicklung ist.

Ziel von OE ist es, Organisationen an den Übergängen in eine nächste Phase zu begleiten, Entwicklungsperspektiven aufzuzeigen und die Betroffenen zu neuen Lösungen anzuregen, wenn Krisenerscheinungen auf eine notwendige Veränderung verweisen. Entsprechend den Werten und Grundsätzen der OE beinhalten die Bedingungen der Integrationsphase das grösste Potential an Lebensfähigkeit für Organisationen in einer sich wandelnden Umwelt. Diese Bedingungen und Fähigkeiten der Integrationsphase zu entwickeln ist somit ein Meta-Ziel jedes OE-Prozesses.

Für die Entwicklungsphasen gilt, bezogen auf die praktische OE-Arbeit, das gleiche wie für die bisher aufgezeigten Modelle: Die Kenntnis dieser Phasen kann einerseits das Verständnis für Symptome und Anzeichen einer nötigen Veränderung erweitern und gleichzeitig die Richtung einer sinnvollen Entwicklung anzeigen.

7.1 Die Pionierphase

- *Merkmale dieser Phase sind:*
- Im Mittelpunkt steht die Persönlichkeit des Pioniers. Er hat in der Regel aufgrund einer (Produkt-)Idee allein oder mit wenigen Mitarbeitern das Unternehmen gegründet und begeistert durch seine Vision.

---

[28] Bei diesen Ausführungen folgen wir grossteils LIEVEGOED, 1974.

- Ziel und Sinn des Unternehmens sind für alle unmittelbar deutlich erlebbar, das Klima ist geprägt von einer expansiven Aufbruchsstimmung, hoher Motivation, Leistungs- und Hilfsbereitschaft.
- Die Führung ist autokratisch-patriarchalisch, aber Vertrauen und Ansehen bei den Mitarbeitern stützen dies. Was der Pionier fordert, lebt er selbst vor (z.B. Einsatz auch ausserhalb der üblichen Arbeitszeiten, wenn Not am Mann ist oder ein Auftrag winkt); er kennt alle Mitarbeiter und deren Familienverhältnisse persönlich, er hat alle persönlich eingestellt, er kennt die meisten Tätigkeiten im Betrieb aus eigener Erfahrung und ist allgegenwärtig, sei es durch die offene Türe oder einen seiner zahlreichen Rundgänge.
- Die Organisation ist sehr beweglich, gekennzeichnet durch Improvisation. Da die Mitarbeiter Generalisten sind oder sich als solche verstehen und Produktionsprozeduren selbst noch in Entwicklung sind, können die Leistungen oder Produkte schnell dem Bedarf und Sonderwünschen von Kunden angepasst werden ("Der Kunde ist König"). Der Pionier arbeitet von Auftrag zu Auftrag. Dabei verlässt er sich in erster Linie auf seine Intuition und Erfahrung. Im einzelnen weiss er oft nicht, was bestimmte Arbeiten und Dienste ihn kosten.
- Charakteristisch ist die unmittelbare, direkte Beziehung zu Kunden und auch zum Kapital (Einzelunternehmen oder Personengesellschaft).
- Funktionen wachsen um Mitarbeiter. Aufgabenabgrenzungen ergeben sich aufgrund persönlicher Neigungen und Begabungen und ändern sich mit den Personen. Führungsfunktionen werden in erster Linie durch den Pionier selbst wahrgenommen oder nur mit bescheidenen Kompetenzen delegiert, Probleme oder Unklarheiten landen in der Regel zur Lösung bei ihm. Gleichzeitig gibt es für loyale, engagierte Mitarbeiter grosse Entwicklungsspielräume.
- Das Unternehmen ist sehr handlungs- und output-orientiert; alles, was nicht unmittelbar der Leistungserbringung oder dem Verkaufsabschluss dient, bekommt wenig Bedeutung.
- Planungs- und Organisationsinstrumente kennt der Pionierbetrieb nicht.

- *Wann hat sich die Pionierphase überlebt?*
- Durch Emanzipation der Mitarbeiter. Mit zunehmender eigener Erfahrung der Mitarbeiter beginnt das Prestige des Pioniers zu sinken, Zweifel an seiner Vormachtstellung werden laut, das patriarchalische Auftreten erscheint unerträglich und einschränkend.
- Bei Kapitalmangel und Planungsbedarf. Knappere Ressourcen schränken den Stil des Improvisierens ein und erfordern Vorausschau und Planung. Systemati-

sche Planung, Kennzahlen, Dokumentation von Aufträgen strategisches Know-how usw. fehlen jedoch weitgehend.
- Durch starkes Wachstum (der Mitarbeiter, des Produktionsumfangs oder des Marktes). Dadurch werden die Stärken des Pionierbetriebes – die persönliche Beziehung des Pioniers zu allen Mitarbeitern, allen Kunden, allen Tätigkeiten und der "Ad-hocratismus" – zu Schwächen.
- Bei Nachfolge in der zweiten oder dritten Generation. Den (erblichen) Nachfolgern werden weniger Charisma und persönliche Überzeugungskraft attestiert als dem ehemaligen Pionier (sei dies tatsächliches Unvermögen oder auch nur, dass der Zauber des Anfangs sich mittlerweile verflüchtigt hat), der in Fotografien, Geschichten und tradierten Normen weiterlebt. Ausserdem lässt der Pionier neben sich niemand anderen in einer Führungsfunktion wirklich stark werden, was langfristig zu einer breiten Führungslücke führt (wenn aufgrund der Expansion Mitarbeiter mit Führungsqualitäten gefordert wären).

- *Krisenerscheinungen*
- Entscheidungen werden aufgeschoben, es zeigen sich die Auswirkungen mancher falschen intuitiven Entscheidung.
- Die Übersicht geht verloren, Mitarbeiter erleben, dass der Pionier das Geschäft nicht mehr im Griff hat.
- Direkte Führung ist nicht mehr wirksam (komplexe Themen).
- "Wer ist für was zuständig?", ist immer öfter die Frage.
- Konflikte und Reibungen bleiben dem Pionier verborgen.
- Der Pionier vermag es nicht mehr, den gewachsenen Betrieb kraft seiner Persönlichkeit zusammenzuhalten.

Die Symptome und Probleme dieser überreifen, absteigenden Pionierphase drängen nach neuen, radikalen Lösungen. Ordnung, Planung, Wissen sind die Zauberworte anstelle von Improvisation und Erfahrung.

7.2 Die Differenzierungsphase

Grundsatz: Alles logisch Unterscheidbare muss organisatorisch unterschieden und geregelt werden. Die Organisation wird als technisches System verstanden und ist demnach logisch, steuerbar, beherrschbar, kontrollierbar. Wissenschaftliche Prinzipien der Betriebsführung werden wichtig.

Die Differenzierungsphase ist historisch als Antwort zu sehen auf die überreife Pionierphase. Ihre Wurzeln sind die tayloristische, arbeitsteilige, von wissenschaftlichen Prinzipien geleitete Organisation, die zu Beginn des Zeitalters der Massenproduktion entstand.

- *Merkmale der Differenzierungsphase*
  - Mechanisierung: Menschliche Arbeitskraft wird so weit wie möglich durch Maschinenarbeit ersetzt.
  - Standardisierung: Auswechselbarkeit und Vereinheitlichung sind das angestrebte Ziel. Menschen, Prozesse, Arbeitsmethoden sollen auf einen exakt beschriebenen Standard gebracht werden. Viele Normen und Standards sollen die Organisation beherrschbar und vorhersagbar machen. Freiwilliger Sozialaufwand als Einkommensbestandteil ersetzt die spontane, willkürliche finanzielle Unterstützung des Pioniers. Es gibt Organigramme, Stellenbeschreibungen, Formulare zur Auftragsabwicklung, Routenplanung für Kundenbesuche, strategische Planungsmethoden usw.
  - Spezialisierung tritt in drei Formen auf:
    1. Funktional: der Gesamtprozess wird in eine Vielzahl unterschiedlicher, spezialisierter Teile zerlegt, die voneinander abhängen, und Spezialisten zugeordnet: Einkauf, Verkauf, Produktion, Verwaltung, Forschung usw. werden bei Bedarf weiter zerteilt in Untereinheiten und voneinander abgespalten. Bei der Neubesetzung von Führungspositionen gibt man Betriebswirten, Akademikern, Ingenieuren usw. den Vorzug vor Praktikern.
    2. In Führungsebenen: die Führungsaufgaben werden gespalten und unterschiedlichen Ebenen zugeteilt, wodurch eine steile Führungspyramide entstehen kann. Der Spitze ist die Grundsatzbildung und strategische Ausrichtung vorbehalten, die nächste Ebene setzt diese Prinzipien in organisatorische Massnahmen um, in der nächsten Ebene wird autoritär geführt und kontrolliert.
    3. In Arbeitsphasen: Planung, Ausführung und Kontrolle werden getrennt. Innerhalb dieser Bereiche werden Arbeitsvorgänge soweit wie möglich durch Arbeitsanalysen, Zeit- und Bewegungsstudien in Einzelschritte zerlegt und danach normiert und aufeinander abgestimmt. Diese Spezialisierung führt im Produktionsbereich zu vorwiegend manuellen, automatischen Tätigkeiten, aber auch in anderen Bereichen sind (Routine)tätigkeiten mit wenig Freiraum für die Ausführenden prägend.

- Koordination über den Dienstweg: Sie bildet das Gegengewicht zu den Differenzierungskräften und Spaltungstendenzen dieser Phase: Was so zahlreich und vielseitig differenziert wurde, muss zusammengefasst werden (idealerweise auf einer höheren Ebene und mit einem Zugewinn, z.B. erhöhter Produktivität durch Arbeitsteilung). Der Dienstweg verhindert widersprüchliche Anweisungen oder Doppelgleisigkeiten, ist jedoch oft zu starr und zu lang und wird deswegen durch informelle Kanäle abgekürzt. Kommunikations- und Informationswege werden geregelt und zentralisiert.
- Begrenzte Führungsspannen: Da die Beziehung zwischen Vorgesetzten und Untergebenen dirigistisch-kontrollierend ist, muss die Grösse der Abteilung überschaubar sein.
- Rationales Menschen- und Organisationsbild: Sachlogik und Expertenwissen sind hoch angesehen, Veränderung erfolgt auf der Basis von kundigen Prognosen und Planungsinstrumenten, der Mensch ist hauptsächlich über Geld motivierbar, die Arbeitsbeziehung ein Tauschgeschäft.
- Starke Innenorientierung: Die Aufmerksamkeit der Führung ist in dieser Phase hauptsächlich nach innen gerichtet, da die Steuerung und Beherrschung der inneren Struktur zur wichtigsten Aufgabe des Managements wird, wodurch der Kontakt zum Markt verlorengeht.
- Hierarchie ist das vorherrschende Ordnungsmuster.

- *Krisenerscheinungen*
- Abteilungsdenken: Die Abteilungen entfernen sich durch Spezialisierung so weit voneinander, dass der Blick über den eigenen Bereich auf das sinnvolle Ganze verlorengeht - plötzlich ist die Konkurrenz im eigenen Unternehmen.
- Eine Parallelorganisation entsteht: Ausschüsse, Stabsstellen, interne und externe Fachberater und Projekte, die die bestehende Organisation ergänzen sollen, ersetzen diese durch die Macht ihres Expertenstatus. Der Unterschied zwischen Stab und Linie verschwimmt und die Stabsstelle baut eine Art "Gegenmachtstellung" zur Linie aus.
- Der Ruf nach stärkerer zentraler Führung wird laut: Auf den unteren Ebenen der Organisation reicht der Horizont aufgrund der weitgreifenden Spezialisierung nicht mehr über den eigenen Arbeitsplatz hinaus, Zusammenhänge werden nicht wahrgenommen und die Folgen von Entscheidungen können nicht abgeschätzt werden, deshalb wird die Verantwortung an die Spitze abgeschoben. Das führt zur Überlastung der Führung.
- Motivationsprobleme treten auf: Die Menschen erleben sich bestimmt von Vorgaben, Richtlinien. Die schöpferischen, kreativen Fähigkeiten werden in die

Freizeit verlagert. Die Ziele der Organisation und der Sinn der Arbeit sind, besonders in den unteren Ebenen, nicht mehr nachvollziehbar und die Führungskräfte werden zunehmend zu Verwaltern des Systems, ersticken in der selbstgeschaffenen Bürokratie.

- Der Kontakt nach aussen, zu Markt, Kunden, Mitbewerbern, geht verloren: In der Produktorganisation begrenzen bestehende technische Anlagen die Möglichkeit der Produkterneuerung und Sortimentveränderung; da die Anschaffungskosten für neue Produktionsstrassen hoch sind, geht es hauptsächlich darum, für die bestehende Produktpalette einen Markt zu finden, statt neue Marktbedürfnisse zu befriedigen und entsprechende zukunftsträchtige Produkte zu entwickeln.
- Der hierarchisch reglementierte Informationsfluss stockt oft: Die Unternehmensleitung erlebt sich als abgekoppelt von der "Basis", das Berichtswesen mit seinen Zahlen, Diagrammen und Statistiken bildet den Unternehmensalltag nur einseitig und stark gefiltert ab.
- Die Kosten der funktionalen Differenzierung überwiegen gegenüber dem Nutzen.

Das Erfolgsprinzip, das ursprünglich zur Vereinfachung von Abläufen und zu Kostensenkungen führte (im Vergleich zum "Wildwuchs" der überreifen Pionierphase), führt nun zu Kompliziertheit und einem hohen Anteil Gemeinkosten und Verwaltungsaufwand.

Systemtheoretisch betrachtet, ermöglicht funktionale Differenzierung zwar eine neue Stufe der Ordnung und in Teilbereichen auch eine Steigerung der Effizienz, gleichzeitig ist sie aber der Kristallisationspunkt für spezifische Probleme: "... Arbeitsteilung und interne Differenzierung bewirken funktionale wechselseitige Abhängigkeiten ... Rollendifferenzierung und funktionale Interdependenzen erzeugen eine zunehmende Kompliziertheit, Vielschichtigkeit und Vernetzung der Interaktionen und Operationen; sie erzeugen einen hohen Abstimmungsbedarf, weil die Leistungen der einen auf den Vorleistungen oder komplementären Leistungen anderer beruhen und Anschlussleistungen erfordern; zugleich setzen differenzierte Aktionen unterschiedliche Kausalketten in Gang und produzieren damit einerseits Widersprüche und Folgeprobleme, andererseits eine vorher unvorstellbare Vielfalt von Möglichkeiten aus zeitlich nebeneinander laufenden Prozessen. Kurz: das Quasi-System entwickelt eine neue Form der Eigenkomplexität."[29]

Auswege aus der Krise der Differenzierungsphase müssen eine Art qualitativer Sprung sein, sollen sich die Bemühungen nicht in stückhaften Anpassungsver-

---

[29] WILLKE, 1987, 64.

suchen und Reparaturdienstverhalten erschöpfen. Manche Merkmale der Pionierphase erscheinen wie das verlorene Paradies und werden vielleicht von einigen Mitarbeitern, die sich dieser Zeiten noch erinnern, romantisiert. Und in gewisser Weise lässt sich die aktuelle Krise ja auch aus einer Überreaktion, Übersteuerung auf Schwächen der Pionierphase erklären, wodurch das Pendel zu stark in die Gegenseite ausgeschlagen hat. Wo vorher Chaos (dafür aber Lebendigkeit) war, ist nun Ordnung und Erstarrung.

7.3 Die Integrationsphase

Im Sinne einer Weiterentwicklung ist die Integrationsphase als neuer Versuch zu verstehen, aus den Beschränkungen der pionier- und differenzierungslastigen Organisation gleichermassen wie aus deren Vorteilen zu lernen.

Die Integrationsphase ist auch geprägt von der Erkenntnis, dass Organisationen soziale, lebendige Systeme sind (s. S. 37 f.) und mit maschinenähnlichen Modellen weder adäquat verstanden, noch strukturiert oder gesteuert werden können.

Hier wäre vieles zu wiederholen, was bereits zu den Zielen von OE, zu den Merkmalen sozialer Systeme usw. gesagt wurde oder was im folgenden Text über Strategien der Veränderung skizziert wird.

- *Merkmale der Integrationsphase*

    Leitmotiv ist es, Situationen und Bedingungen zu schaffen, in denen es dem einzelnen und Gruppen möglich ist, selbständig und intelligent im Sinne eines grösseren Ganzen zu handeln.

    - Anregung zur Selbststeuerung ersetzt traditionelle Steuerungsbemühungen. Dies setzt ein herausfordernd neues Führungsverständnis voraus, in dem Führungskräfte es nicht mehr als ihre wichtigste Funktion – bzw. sogar als Illusion – betrachten, ihren Bereich mittels einsam erarbeiteter Ziele, Anordnung, Delegation und Kontrolle zu steuern (im Sinne von "im Griff haben"). Das Gestalten förderlicher Rahmenbedingungen wird zu einer wichtigen Aufgabe. Innerhalb klarer Vereinbarungen und Vorgaben werden selbständiges Handeln und selbstorganisierende Prozesse möglich.
    - Der Mensch rückt (wieder) in den Mittelpunkt: Seinen geistigen, sozialen und körperlichen Bedürfnissen wird in der Gestaltung der Arbeit mehr Augenmerk geschenkt. So werden beispielsweise automatisierte Arbeitsplätze wieder abwechslungsreicher und herausfordernder gestaltet; Sinn in der eigenen Tätigkeit

zu finden wird zum entscheidenden Motivationsfaktor; die Fähigkeit, Menschen zu führen, wird neben den Fähigkeiten zur Gestaltung und Steuerung einer Einheit ein gewichtiger Faktor in der Führungskräfteentwicklung; Personalentwicklung soll sich auf individuelle Weise der Lernwege von Mitarbeitern annehmen und Lernen wieder stärker in den Organisationsalltag integrieren usw.

- Flexibilität wird gefördert.
- Orientierung an Kunden und am Markt: Die Koppelung an die Umwelt, die konsequente Ausrichtung an Anforderungen des Marktes wird zur zentralen Herausforderung für das Management und beeinflusst die Gestaltung entsprechender Strukturen, Abläufe, Beziehungen usw.
- Abflachung der Hierarchie, schlanke Organisation (Stichwort: "lean management") und Heterarchie bzw. Netzwerke.
- Aufgabenorientierung vor starrer Funktionszuteilung.
- Kontrolle wird durch das Prinzip der Selbstkontrolle erweitert bzw. ersetzt.
- Koordination entsteht durch Selbstkoordination.

- *Wichtige Bedingungen*
- Gliederung in autonome Einheiten mit eigener Zielsetzung, eigenem Markt, eigenen Produkten usw.: Dies ist ein grundlegend anderes Strukturierungsprinzip als jenes der Differenzierungsphase. Der Unterschied besteht darin, dass autonome Einheiten in sich ein verkleinertes Abbild der Gesamtorganisation darstellen und für sich lebensfähig wären - im Gegensatz zur Abhängigkeit der Funktionen und Ab-Teilungen der Differenzierungsphase.
- Das Unternehmenskonzept wird offen kommuniziert und stiftet Sinn: Das Leitbild, langfristige Unternehmensziele (verdichtet in der Vision) und Strategien werden unter breiter Einbindung der Führungskräfte erarbeitet, regelmässig reflektiert und im jeweiligen Unternehmensbereich mit den Mitarbeitern konkretisiert. Sie werden so zu einer sinnstiftenden, handlungsleitenden Kraft (ähnlich der persönlichen Vision des Pioniers) und fördern Identifikation.
- Entflechtung von Lohn und Leistung.
- Persönliche Freiheit, Menschenwürde, Wertschätzung und Selbstbestimmung sind lebendige Grundprinzipien in der Integrationsphase.

- *Einige Fragen zur Selbstdiagnose*

Welche Entwicklungsphase entspricht Ihrer Organisation insgesamt (beschreiben Sie anhand der aufgelisteten Merkmale, wie Sie zu dieser Einschätzung kommen)?

_____

_____

_____

Befinden sich Organisationseinheiten (z.B. Filialen, Abteilungen) in unterschiedlichen Entwicklungsphasen?

_____

_____

_____

Welche Alltagsphänomene, hilfreichen wie hinderlichen Muster und Eigenheiten erklären sich aus der aktuellen Entwicklungsphase?

_____

_____

_____

Welche Veränderungsrichtung könnte neue Möglichkeiten eröffnen und Zugkraft entfalten?

_____

_____

_____

8. Strategien der Veränderung

OE haben wir als einen Veränderungsprozess einer Organisation und der darin tätigen Menschen beschrieben. Das Wort OE selbst besagt bereits, dass diese Veränderung auf dem Weg der Entwicklung stattfinden soll.

Was heisst es nun, Veränderungen durch Entwicklung zu initiieren und welche anderen Veränderungsstile oder -strategien werden praktiziert?

In der Praxis werden drei Veränderungsstrategien unterschieden, die von grundlegend unterschiedlichen Annahmen und Menschenbildern ausgehen und spezifische Interventionen und Verhaltensempfehlungen für Führungskräfte und Berater aussichtsreich machen:

1. rationale Strategien = Veränderung durch Fachexperten;
2. Machtstrategien = Veränderung durch Einflussnahme oder Zwang;
3. Entwicklungsstrategien.

8.1 Rationale Strategien (Veränderung durch Fachexperten)

- *Merkmale*
- "Ratio"nalistisches Menschenbild: Der Mensch ist ein denkendes und vernünftiges Wesen. Wenn ich sein Denken beeinflussen kann, wenn ich ihn mit sachlichen Argumenten, mit Logik überzeuge, kann ich ihn zu Veränderungen veranlassen.
- Der Fachexperte repräsentiert diesen Menschentyp: Er nimmt an, dass der andere ebenso sachbezogen und logisch denkt und handelt wie er.
- Experten(-kommissionen und -berater) analysieren ein Problem und erarbeiten nach sachlichen Aspekten und Notwendigkeiten Lösungsvorschläge und -wege. Wissenschaftlichen Gutachten und Expertisen kommt bei diesen Strategien entsprechende Bedeutung zu.
- Der Klient geht davon aus, dass der Fachexperte einen Wissensvorsprung im zu lösenden Problem hat und erwartet sich von ihm eine Lösung. Die vermittelte Botschaft ist: "Nimm das Problem von meiner Schulter und bring mir die Lösung!"
- Die Professionalisierung des Experten bezieht sich damit vor allem darauf, inhaltlich in seinem Fachgebiet auf dem neuesten Stand zu sein.

- Es gibt die Idee einer "richtigen" Lösung, die auf einer sorgfältigen Analyse aufbaut.
- Die Motivation der Betroffenen für eine Veränderung soll über Logik und Einsicht erfolgen.

- *Vorteile*
- Auf diesem Wege können logische, schlüssige Konzeptionen und Lösungen in grossem Umfang geplant werden. Der Vorschlag zur neuen Unternehmensstruktur beispielsweise ist "aus einem Guss" und nicht ein vorsichtiges, halbherziges Herumlavieren um gewachsene Funktionen oder verdiente Personen, wie dies bei einer rein internen Bearbeitung und entsprechenden Rücksichtnahmen geschehen könnte.
- Lösungen liegen relativ rasch vor.
- Betriebsblindheit kann vermieden werden.

- *Dagegen spricht:*
- Es fällt den Betroffenen schwer, die von Experten erarbeiteten Lösungen und Vorschläge nachzuvollziehen und zu integrieren. Dies erweist sich vor allem dann als gravierend, wenn neue Konzepte und Soll-Vorstellungen eine neue Denkweise und eine andere innere Haltung notwendig machen (also Veränderung von innen heraus erfordern, nicht nur äusserlich). Das Einführen marktnaher Strukturen wie strategische Geschäftseinheiten oder Kundengruppenverantwortliche stellt viele bisher praktizierten Handlungsweisen der Betroffenen in Frage und man rechnet in der Praxis damit, dass solche Konzepte zwar am Papier rasch entworfen werden, jedoch mehrere Jahre brauchen, bis sie tatsächlich gelebt werden.
- Die Experten müssen ihre Ideen oft geradezu "verkaufen". Sie suchen Verbündete im Unternehmen zu deren Durchsetzung, die Zwangs- und Machtstrategien zuhilfe nehmen. Dies kann in der Folge zu Kompromissen und zu Brüchen im vormals geschlossenen Gesamtkonzept führen.
- Die Identifikation mit der Lösung ist gering. Expertisen landen für teures Geld in der Schublade. Schwierigkeiten in der Umsetzung führen relativ rasch dazu, dass die Vorschläge als unbrauchbar und zu wenig auf die spezielle Unternehmenssituation abgestimmt verworfen werden.
- Es wird kein eigenes Know-how für künftige Situationen entwickelt.

- Die Betroffenen werden zu Laien in bezug auf ihr eigenes Problem. Es konstituiert sich ein komplementäres Rollenverhalten nach dem Muster der Arzt-Patienten-Beziehung.

Kritik an dieser Fachexpertenstrategie äussern Unternehmen vor allem dahingehend, dass zu grosses Augenmerk auf das Erheben und Auswerten von Daten und das Ausarbeiten von Empfehlungen gelegt wird, wobei die Empfehlungen als zu unspezifisch für die spezielle Situation empfunden werden (weil z.B. kulturelle Aspekte, allen Mitgliedern bekannte Tabus, Machtkonstellationen, Beziehungsmuster usw. nicht berücksichtigt werden) und die Auftraggeber sich in der Umsetzung zu wenig unterstützt fühlen.

Generell ist zu sagen, dass Fachexpertenstrategien auf der Sachebene zu 100 Prozent richtig liegen können und doch nicht greifen, weil Menschen, Abteilungen und Organisationen eben nicht "per Knopfdruck" funktionieren. Organisationen sind lebende Systeme, d.h. sie verhalten sich nicht nach feststehenden, beherrschbaren und vorhersagbaren Regeln und verarbeiten dementsprechend Hinweise und fachliche Ratschläge nach eigenem Muster.

Damit die Fachexpertenstrategie funktionieren kann, müssen jedoch eine Reihe von Bedingungen erfüllt sein.

- *Sie funktioniert nur,*
- wenn der Klient das Problem richtig diagnostiziert und den passenden Berater wählt,
- wenn der Klient das Problem und die Dienstleistung, die er sucht, richtig mitteilen kann,
- wenn der Klient mögliche Konsequenzen der Beratung durchdacht hat.

8,2   Machtstrategien

- *Merkmale*

Macht gibt Menschen die Chance, innerhalb einer sozialen Beziehung Veränderungen, eigene Vorstellungen, den eigenen Willen auch gegen das Widerstreben anderer durchzusetzen. Machtkulturen zeichnen sich dadurch aus, dass eine kleine Gruppe von Menschen die Realität für alle anderen definiert.

- Die Idee von Macht führt zu einer Polarisierung der Beziehungen: Es gibt einerseits die "Mächtigen", die andere zu etwas veranlassen können, was diese nicht aus sich heraus und ohne diese Art der Beziehung tun würden und die für andere denken, bestimmen und Lösungen entwerfen - dabei oft unterstützt durch externe Sachverständige (Experten, Stabsstellen, Wissenschafter usw.). Diese Macht kann beruhen auf fachlicher Überlegenheit, hierarchischer Position, Entscheidungskompetenz, Prestige, Status, Besitzverhältnissen usw. Auf der anderen Seite stehen jene, die durch Anweisungen, Verordnungen, Gesetze, Sanktionen zu einer Handlung oder Veränderung veranlasst werden.
- Macht/Druck ersetzt Konsensbildung.
- Im Vordergrund steht (wie bei den Rationalen Strategien) die Einstellung, dass nur das äussere Verhalten der Menschen beeinflusst werden muss, um das Gewünschte zu erreichen. Eine Änderung der Einstellungen und Denkgewohnheiten der Betroffenen erscheint nicht notwendig, solange (mit Druck) das gewünschte Ziel erreicht wird.
- Im Idealfall geht man davon aus, dass jemand an einer machtvollen Position auch besondere Fähigkeiten besitzt, die ihn zur Machtausübung legitimieren.

• *Dafür spricht:*
- schnelle Um- und Durchsetzung ohne zeitaufwendige Konsensprozesse oder Überzeugungsversuche (z.B. bei Krisenmanagement)
- hohe Erwartungssicherheit in den Beziehungen bei klaren Machtstrukturen.

• *Dagegen spricht:*

Ethische Gründe:
- Die Würde der Person wird negiert.
- Es wird Abhängigkeit statt Autonomie erzeugt.

Pragmatische Gründe:
- Die Veränderungen sind äusserlich und kurzfristig wirksam, der Sanktions- und Kontrollaufwand ist gross.
- Die Anwendung der Machtstrategie mobilisiert in vielen Fällen eine Gegenmacht und das politische Aushandeln von neuen Konzepten führt zu Streichungen und Abänderungen. Diese zerstören oftmals ein integriertes Ganzes und beeinträchtigen stark die Wirksamkeit der entwickelten Neuerungen.

- Taktiken und Mikropolitik entwickeln oft eine eigene Dynamik, wobei sachliche Überlegungen zu sehr in den Hintergrund rücken.[30]

8.3 Entwicklungsstrategien

Die Charakteristika von Entwicklungsstrategien finden sich naturgemäss in den "Prinzipien der Veränderung im Rahmen von OE-Prozessen".

- *Folgende Merkmale wollen wir hier nochmals herausstreichen:*
- Die Verantwortung für das Veränderungs-/Beratungsanliegen bleibt die gesamte Zeit über beim Klienten(-System), es kann nicht an den Berater delegiert werden. Das andere Extrem hierzu wäre der Berater, der als "Manager auf Zeit" die Lösung des Problems selbst in die Hand nimmt, in abgeschwächter Form auch der Fachexperte. Deutlich wird dieses Prinzip zum Beispiel an der spezifischen Form der Situationsdiagnose, die als Selbst-Diagnose der Betroffenen zu verstehen ist. Es ist nicht der Berater, der nach sorgfältiger Analyse seine Sicht der Dinge mitteilt, sondern er regt die Betroffenen selbst mit methodischen Angeboten zur eigenen Auseinandersetzung an.
- Entwicklungsstrategien gehen von der Annahme aus, dass Lösungsfähigkeiten bei den Betroffenen entweder bereits vorhanden sind, jedoch nicht genutzt werden können (z.B. weil nicht klar ist, in welchen Schritten und mit welchen Beteiligten das Thema angegangen werden soll) oder dass sie entwickelt werden können und sollen. Das heisst jedoch nicht, dass das Rad jeweils neu erfunden wird. Es kann sich im Verlauf eines OE-Prozesses herausstellen, dass bezüglich einer konkreten Frage zu wenig Spezial-know-how vorhanden ist oder der neueste Stand einer Technik nicht bekannt ist. In diesem Fall werden Fachexperten hinzugezogen und auf eine Weise eingebunden, dass deren Wissen von den Betroffenen genützt werden kann.
- Der Entwicklungsberater liefert keine inhaltlichen Problemlösungen, sondern er ist methodischer Experte für die Gestaltung des Prozesses.
- Voraussetzung ist, dass die Betroffenen selbst eine konstruktive Absicht haben und bereit sind, in diese Form der Beratungsbeziehung und Aufgaben- und Verantwortungsverteilung einzusteigen.

---

[30] Vgl. dazu die satirische Darstellung der Bedeutung, Verbreitung und Praxis der Machtstrategie im Wirtschaftsbereich in NOLL/BACHMANN, 1987.

Zusammenhang zwischen der Entwicklungsphase und bevorzugter Veränderungsstrategie: Als Tendenz lässt sich formulieren: Organisationen in der Differenzierungsphase werden sich aus ihrem Selbst-Verständnis heraus an Fachexperten wenden, Organisationen in der Integrationsphase an Organisationsentwickler, der Pionier verändert die Organisation kraft seines persönlichen Einflusses im Sinne der Machtstrategie.

Der wesentliche Unterschied zwischen den drei Veränderungsstrategien liegt in der Grundannahme über das Wesen und damit die Lern- und Anpassungsfähigkeiten von Menschen und lebendigen Systemen. Diese Grundannahmen sind das Ergebnis persönlicher Entwicklungsgeschichten: Jedem von uns ist durch die eigene Erziehungsgeschichte und darüber hinausreichende Erfahrungen die eine Form der Veränderung vertrauter als andere.

- *Einige Fragen zur Selbstdiagnose:*

Lässt sich ein Grundmuster erkennen, auf welchem Wege Veränderungen in Ihrem privaten Bereich/in Ihrer Organisation stattfinden?

_____

_____

_____

Gehen Sie das Weiterbildungsangebot in Ihrer Organisation durch: Welche Strategien der Veränderung stehen hinter den Konzepten (Werden die Seminare von Referenten oder Trainern, vorwiegend in Form von Fachinputs oder prozessorientiert, durchgeführt? Wie stark strukturiert oder teilnehmerorientiert ist das Angebot? usw.)?

_____

_____

Passt eine Entwicklungsstrategie zur Kultur in Ihrer Organisation?

_____

_____

_____

Welche Strategie bevorzugen Entscheidungsträger in Ihrer Organisation?

_____

_____

_____

Wer sind "Schlüsselpersonen", die eine entwicklungsorientierte Haltung leben und Motor für den geplanten Prozess sein könnten?

_____

_____

_____

Teil 2:
Der OE-Prozess in der Praxis

> Kaum sind wir heimisch einem Lebenskreise
> Und traulich eingewohnt, so droht Erschlaffen,
> Nur wer bereit zu Aufbruch ist und Reise,
> Mag lähmender Gewöhnung sich entraffen.
>
> (Hermann HESSE)

1. Zwischenbilanz

Sie haben nun einige grundlegende Informationen über Prinzipien, Ziele und mögliche Ansatzpunkte von OE erhalten.

Wir laden Sie ein, nach der Auseinandersetzung mit den Inhalten des ersten Teiles nochmals Ihre derzeitige Haltung bezüglich der Möglichkeiten und Grundhaltungen der OE für sich selbst und Ihre Organisation bzw. Ihren Führungsbereich zu überdenken.

Wenn Sie die Basistexte des ersten Teiles durchgearbeitet und auf die Situation Ihrer Organisation oder Ihres Bereiches übertragen haben, sind dabei erste Chancen und Ansatzpunkte für einen OE-Prozeß deutlich geworden.

Nach unseren Erfahrungen können solche Anlässe entweder Faktoren und Situationen sein, die als kritisch und problematisch erlebt werden und eine Art Schubkraft erzeugen ("Wir müssen unbedingt weg von ..."). Oder es entstehen durch die Auseinandersetzung mit Alternativen zur praktizierten Unternehmensrealität Visionen, Ziele Veränderungsideen, die Zugkraft entfalten ("Wir wollen hin zu ...").

1.1 Krisenerscheinungen in Organisationen

Krisenerscheinungen in einer Organisation werden leicht verkannt, weil sie sich lange Zeit nicht in spektakulären Einbrüchen abspielen, sondern als alltäglicher Sand im Getriebe auftreten:

Ein Ansteigen der Reklamationen, die Häufung krankheitsbedingter Abwesenheit, schwelende Konflikte zwischen Abteilungen, Probleme bei einem Generationenwechsel in der Führung, mangelnde Qualifikationen der Mitarbeiter (fachlich, beruflich und persönlich), rückläufige Erträge, Verunsicherung infolge neuer Technologien, Veränderungen in Märkten und in der Wettbewerbssituation usw.

All dies führt häufig statt zu einem bewussten Hinterfragen der Werte, Normen, Strukturen, Strategien, Geschäftspraktiken und Führungsstile zu einem "mehr desselben": Anstatt einmal halt zu machen und das Tun zu hinterfragen, verdoppeln wir blind unsere Anstrengungen.

Mit dem Wissen um die Entwicklungsphasen einer Organisation, um die Organisationstypen, die Strategien der Veränderung, ist vielleicht deutlich geworden, wohin der eingeschlagene Weg führen kann und eine Neuorientierung wird möglich.

- *Zwischenbilanz – das kann der Ort sein, um offene Fragen zum theoretischen Unterbau der OE zu klären:*
  - Worüber brauche ich noch genauere Informationen?
  - Was würde mich vertieft interessieren?
  - Woher kann ich mir diese Informationen holen?

- *Zwischenbilanz – das kann bedeuten, dass es für Sie wichtig ist, mit Menschen über deren OE-Erfahrungen zu sprechen:*
  - Mit welchem OE-Berater will ich Kontakt aufnehmen?
  - Wer ist mir bekannt, der selbst in einem OE-Prozess mitarbeitet?

- *Zwischenbilanz – dabei kann auch wichtig sein, dass Sie sich nochmals ganz für sich allein oder in einem beratenden Gespräch mit dem geplanten Prozess auseinandersetzen:*
  - Was ist meine ganz persönliche Motivation?
  - Mit welchem Gefühl gehe ich an die Sache heran?
  - Was ist mein persönlicher Bezug dazu?
  - Wie weit will ich mich als Initiator eines Prozesses exponieren?
  - Welche Fragen zum theoretischen Unterbau der OE habe ich jetzt noch?

2. Einige Bemerkungen voraus

2.1 Über Modelle und deren Grenzen allgemein

Wie die Ausführungen zu den Grundlagen des OE-Prozesses klar gemacht haben sollten, ist es ein Wesensmerkmal von OE, dass jeder Prozess einmalig, organisationsspezifisch und nicht kopierbar ist.

Was generell über die Grenzen von Modellen als (verkürztem) Abbild einer komplexeren Wirklichkeit zu sagen ist, muss umso mehr für die Darstellung eines OE-Prozesses gelten:

Einerseits bieten die folgenden Beschreibungen einen Handlungsrahmen, der das Typische, die Muster herausstreicht, andererseits werden sie sich in konkreten Situationen als unzulänglich, als zu grober Raster erweisen.

Wir haben einen Grenzgang angestrebt zwischen der Herausarbeitung und Darstellung von Typischem (bezogen auf Phasen, hilfreiche Methoden, Elemente usw.) und vereinfachenden Generalisierungen, die eine vielleicht verlockende, aber trügerische Sicherheit bieten könnten. Oder (um den Vergleich einer Landkarte zur OE nochmals aufzunehmen):

Erwarten Sie keinen detaillierten, speziell für Sie ausgearbeiteten Reisevorschlag, kein Konzept für einen OE-Prozess in genau Ihrer Organisation. Dafür gibt es Reisebüros und Experten für die individuelle Gestaltung von Entwicklungsprozessen. Was Sie sehr wohl erwarten können, ist, dass die vorgenommenen Typisierungen und Idealverläufe aus fundierten Erfahrungen unserer OE-Reisen entstanden sind.

Vielleicht erinnern Sie sich an die folgende Geschichte[31], wenn Ihr Rezepte sammelnder Teil sich regt:

> *Ein Maultier, das mit Salz beladen war, musste durch einen Fluss waten. Es fiel hin und blieb einige Augenblicke in der kühlen Flut liegen. Beim Aufstehen fühlte es sich um einen grossen Teil seiner Last erleichtert, weil das Salz im Wasser geschmolzen war. Das Maultier merkt sich diesen Vorteil und wandte ihn gleich am folgenden Tage an, als es, mit Schwämmen belastet, wieder durch eben diesen Fluss ging. Diesmal fiel es absicht-*

---

31 Aus LANGMAACK/BRAUNE-KRICKAU, 1987, 17.

lich nieder, sah sich aber arg getäuscht. Die Schwämme hatten nämlich das Wasser angesogen und waren bedeutend schwerer als vorher. Die Last war so gross, dass es erlag. Merke: Ein Mittel taugt nicht für alle Fälle.

Solche Geschichten können erfahrungsgemäss auch respektvolle, nützliche und schöne Interventionen sein, wenn Sie Kollegen, Vorgesetzte und mögliche Projektpartner zur Diskussion über derartige Erwartungen anregen wollen.

2.2 Zum Phasenmodell der OE

Aus unseren eigenen OE-Beratungen und der Auseinandersetzung mit verschiedenen Theorien des Wandels haben wir ein Modell mit sieben (idealtypischen) Phasen entwickelt.

Die konkrete Ausgestaltung der einzelnen Phasen (die Verwendung von Methoden und Arbeitsformen, der Zeiteinsatz, die Beteiligung der Betroffenen usw.) ist sehr variabel, wesentlich ist es jedoch, ein Verständnis dafür zu entwickeln, worum es in der jeweiligen Phase geht, was erreicht und beachtet werden sollte.

Das Grundprinzip dabei ist, dass jede Phase eine Prozess-Ganzheit ist, das heisst, dass die wesentlichen Prinzipien des OE-Prozesses in jeder einzelnen Phase insgesamt zur Anwendung kommen – damit erfahren die am OE-Prozess Beteiligten bereits in den ersten Projektphasen OE als Ganzes.

- *Die Phasen in der idealtypischen Abfolge sind:*
- Orientierungsphase
- Phase der Situationsklärung
- Phase der Zielfindung (-auswahl und -entscheidung)
- Installieren der Steuerungsstruktur
- Information des Gesamtsystems
- Bearbeitung der ausgewählten Ziele (in Teilprojekten)
- Absichern des in die Organisation integrierten Prozesses.

Berater oder Begleiter von OE-Prozessen stehen vor einer zweifachen Herausforderung: sich einerseits auf die jeweils einmalige, bruchstückhafte, verwirrende, bunte, überraschende Situation, wie sie von den Organisationsmitgliedern präsentiert wird, verstehend einzulassen und die nötige Basis für eine konstruktive Beratungsbeziehung während der folgenden Schritte zu schaffen; andererseits genügend Distanz zu wahren, um nicht in der Fülle der angebotenen Details und Facetten zu "ertrinken" oder "ins System zu fallen", indem die Beschreibungen des Klientsystems übernommen werden – denn dann gelingt es dem Berater nicht mehr, zu neuen Möglichkeiten anzuregen.

- *Das Modell unterstützt Sie hierbei,*
- indem die Präsentation und Diskussion der Phasen und zugrundeliegenden Ziele mit den Organisationsmitgliedern Unsicherheit reduzieren kann,
- indem es Ihnen wie eine Art "Kleiderständer" hilft, die Gleichzeitigkeit von Problemen, Wünschen, ersten Lösungsvorschlägen zu ordnen und bei manchem auf eine spätere Phase zu verweisen, ohne dass solche Beiträge auf Nimmerwiedersehen untergehen,
- indem Sie allein oder mit professioneller Begleitung das Geschehen reflektieren können: Wo stehen wir im Prozess? Was ist sinnvollerweise der nächste Schritt? Worauf sollten wir noch achten, bevor wir in die nächste Phase übergehen?;
- indem Sie Abweichungen in der Vorgehensweise als erklärungsbedürftig definieren und sich dadurch Veränderungen im Prozess nicht unreflektiert einschleichen oder ergeben.

Weil wir in unserer Arbeit Organisationen als soziale Systeme betrachten, die Art und Weise unserer Entwicklungsberatung den systemischen Interventionsstrategien entspricht und Veränderungen durch Entwicklung stattfinden sollen, sprechen wir auch vom

systemisch-evolutionären Phasenmodell der OE.

Auf S. 95 haben wir den Ablauf eines Prozesses graphisch dargestellt. Die Phasen eins bis sechs durchläuft idealtypisch ein OE-Prozess in dieser Reihenfolge (= symbolisiert durch die dicke Linie) und diese werden auch im vorliegenden Aktionshandbuch beschrieben.

Die weitere Gestaltung des Prozesses beruht immer wieder auf den Prinzipien dieser Phasen:

Nachdem beispielsweise einige vereinbarte Veränderungsziele in Teilprojekten und/oder im Rahmen vorhandener Funktionen, bearbeitet wurden, ist erneut eine Orientierung, Standortbestimmung und Situationsklärung erforderlich, die zu neuen Veränderungszielen und Teil-Projekten, zu einer neuerlichen Information des Gesamtsystems und zur Erneuerung der Steuerungsstruktur führen kann.

Welche Schritte jedoch im konkreten Fall in weiterer Folge erforderlich sind, kann weder hier noch zu Beginn eines OE-Prozesses vorausgesagt werden. Die weiteren Schritte bzw. ihre Reihenfolge ergeben sich aus dem jeweiligen Prozessverlauf und sind in unserem Modell daher nur beispielhaft (gestrichelte Linie).

- *Die Helix als Gestaltungssymbol*

Wir haben als Darstellungsform die spiralförmige Helix gewählt. Einmal, weil die Spirale ein wesentliches formales Gestaltungsprinzip in der Natur ist, im Bau von Pflanzen und Schneckenhäusern ebenso wie in galaktischen Spiralnebeln oder Tornados, und als Symbol für ein dynamisches, evolutionäres Weltbild steht. Aber auch zur Verdeutlichung, dass der OE-Prozess nicht linear verläuft, sondern sich in aufsteigenden Bahnen weiterentwickelt: So ist zum Beispiel eine Situationsklärung im weiteren Verlauf des Prozesses nicht dasselbe wie das erste Mal.

Durch die bisherigen Erfahrungen der Beteiligten im Prozess im Umgang miteinander und mit den Veränderungsthemen findet die nächste Situationsklärung auf einem höheren Niveau statt, baut auf den mittlerweile gewonnenen Informationen und weiterentwickelten Fähigkeiten zur Diagnose, zur Bearbeitung auch kritischer Themen, zur Reflexion usw. auf. Es kommt also im Prozess zu Phasenwiederholungen, aber nicht zur Rückkehr zu einer Phase.

Sind in der dritten Phase relevante Veränderungsziele für den OE-Prozess vereinbart, so gliedert sich die Bearbeitung der einzelnen Themen wiederum in eine vertiefte Orientierung, Situationsklärung usw. Das OE-Modell ist *rekursiv*, das heisst, jedes Teilthema (-projekt) spiegelt die Struktur des Gesamtprozesses.

2.3 Zum Faktor "Zeit" in einem OE-Prozess

Jede Entwicklung hat ihre Eigen-Zeit. Was im ersten Moment wie ein Gemeinplatz klingt, ist von grosser Bedeutung für OE. Jede Organisation hat ihr spezifisches Tempo für Veränderungen/Entwicklungen. In den ersten Schritten des OE-Prozesses zeigen sich die allgemeinen Regeln, die Veränderungsbereitschaft und -geschwindigkeit der jeweiligen Organisation: das Projekt kann zügig-forsch oder zaghaft-zögernd in Angriff genommen werden. Der Berater oder Begleiter wird sich sowohl auf das Tempo der Organisation einschwingen als auch zur Reflexion darüber anregen, indem er die Zeit selbst zum Thema macht. Es gibt in der systemisch-evolutionären OE keine "richtigen" Zeitrahmen, sondern nur "passende", der konkreten Organisation entsprechende und mögliche.

Prüfenswert ist in jedem Fall die Hypothese, dass die vorhandene oder nicht vorhandene Zeit für den OE-Prozess ein wichtiger Hinweis darauf sein kann, ob im Moment bedeutsame Themen behandelt werden, ob die Beteiligten innerlich dabei und davon überzeugt sind, dass etwas wichtiges Neues entstehen kann, ob das Veränderungstempo der vergangenen Monate eher zu hoch war oder ob das Thema der folgenden Sitzung, für die sich kein Termin findet, zu diesem Zeitpunkt oder in der gestellten Weise zu "heiss" oder bedrohlich ist usw.

Abschliessend zu diesen Bemerkungen vorab eine Art Reisebericht eines OE-Beraters: "OE ist in der Praxis eine höchst abenteuerliche Angelegenheit. Da geht man an ein Problem heran, das sich zunächst weder klar definieren noch in all seinen Verästelungen übersehen, geschweige denn in seinen Kausalzusammenhängen verstehen lässt. Man arbeitet in die Zeit hinein, ohne zu wissen, was dabei herauskommen wird, mit Menschen, die so etwas noch nie gemacht haben – und mit nichts in der Hand als einigen Prinzipien des Vorgehens und gewissen Spielregeln für die Zusammenarbeit."[32]

Wir hoffen, dass Ihre Abenteuerlust gegenüber dem Wunsch nach streng strukturierten Abläufen überwiegt und laden Sie ein zum lohnenden Abenteuer OE!

---

[32] LAUTERBURG, 1982, 9 f.

3. Das Phasenmodell im Überblick

3.1 Orientierungsphase

- *Wichtigste Ziele:*
- selbst eine Vorstellung von OE und Neugier auf OE bekommen (möglicherweise durch dieses Aktionshandbuch)
- sich als Berater oder Begleiter im System "ortskundig" machen
- die betroffenen Organisationsmitglieder für notwendige Veränderungen sensibilisieren
- klären, auf welche Einheit der Organisation sich der Prozess vorerst beziehen soll
- erste Überlegungen und Klärungen mit den Beteiligten darüber, wie, mit wem, wohin der OE-Prozess gehen könnte
- klare Vereinbarungen und Entscheidungen über den Start, weitere Schritte und wichtige Rahmenbedingungen - Kontrakt
- den geplanten Prozess mit den betroffenen Menschen diskutieren
- OE als Prozess von Anfang an erlebbar machen.

3.2 Phase der Situationsklärung

- *Wichtigste Ziele:*
- die Mitarbeiter jener Einheit, auf die sich der OE-Prozess bezieht (das Klientsystem), zur Auseinandersetzung mit den unterschiedlichen Bildern der Ist-Situation anregen und ein ganzheitliches gemeinsames Verständnis der Ist-Situation entwickeln
- Zukunftsbilder (Visionen) erarbeiten und Hoffnung und Energie für den Prozess wecken
- erste Veränderungsziele formulieren
- erste Massnahmen für individuelle und gruppenbezogene Ziele vereinbaren
- durch die Art der Bearbeitung die Erfahrung von prozessorientiertem Arbeiten vermitteln.

3.3 Phase der Zielfindung (-auswahl und -entscheidung)

* *Wichtigste Ziele:*
- Veränderungsziele formulieren, konkretisieren und gewichten
- das formale Management der einbezogenen Organisation(seinheit) entscheidet über jene Entwicklungsschwerpunkte, die im weiteren Prozess mit Priorität bearbeitet werden sollen
- der OE-Prozess soll also bis zur nächsten Standortbestimmung eine Richtung (Themen für Teilprojekte) bekommen.

3.4 Installieren der Steuerungsstruktur

* *Wichtigste Ziele:*
- den OE-Prozess strukturell und personell in der Organisation verankern: mittels internem Projektleiter und – bei umfangreicheren Projekten – mittels einer Entwicklungsgruppe, die eine Koordinationsfunktion wahrnimmt
- die Aufgaben des Projektleiters und der Entwicklungsgruppe sowie deren Beziehungen zum formalen Management klären
- alle laufenden Projekte in den OE-Prozess integrieren.

Die Struktur des OE-Prozesses soll die Struktur der Organisation ergänzen (nicht ersetzen)!

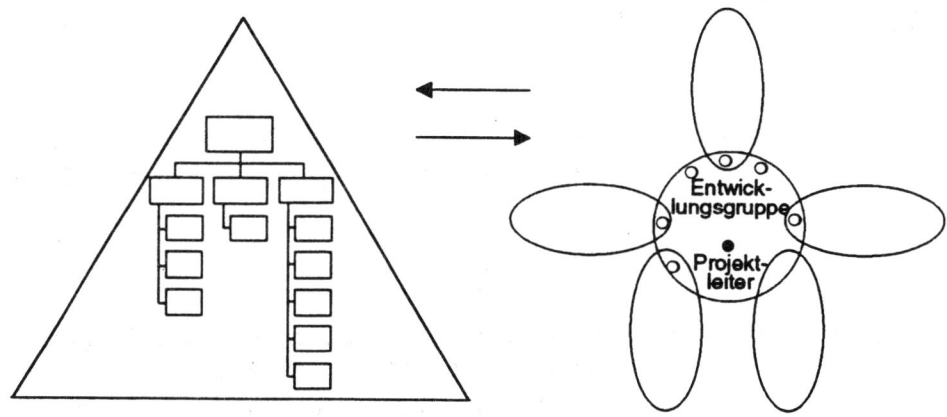

Organisationsstruktur
Funktion: Systemerhaltung

Struktur des OE-Prozesses
Funktion: Systemveränderung

3.5 Information des Gesamtsystems

- *Wichtigste Ziele:*
- Transparenz über die Vorgeschichte, laufende Aktivitäten und zukünftige Ausrichtung und das weitere Vorgehen des OE-Prozesses bei möglichst vielen Mitgliedern des Systems herstellen
- die Diskussion und Auseinandersetzung damit fördern, Anregungen aufnehmen
- zu Überlegungen anregen, wer in welcher Weise, bei welchen Zielen mitarbeiten möchte oder soll.

3.6 Bearbeitung der ausgewählten Ziele (in Teilprojekten)

- *Wichtigste Ziele:*
- adäquate Formen und Wege der Bearbeitung entwickeln (wer, was, wie, in welchem Zeitraum, welcher Art soll das Ergebnis sein?)
- manche Themen sind innerhalb bestehender Funktionen umzusetzen, manche erfordern eine Projektstruktur
- in der Bearbeitung einzelner Themen soll im Kleinen die Struktur des Gesamtprozesses aufgegriffen werden.

3.7 Absicherung des in die Organisation integrierten Prozesses

- *Wichtigste Ziele:*
- durch Standortbestimmungen absichern, dass der OE-Prozess helixförmig weiterverläuft und rechtzeitig Erneuerungen und Anpassungen bezüglich Themen, Strukturen, Beteiligte stattfinden
- Integration auftretender aktueller Themen
- (Zwischen-)Kontrolle und Auswertung des Prozesses
- Supervision der Projektleitung und der Entwicklungsgruppe und Supervision bzw. Einzelberatung für prozessbegleitende Führungskräfte
- Unterstützung individueller Entwicklungsprozesse, speziell von Führungskräften.

Das Phasenmodell im Überblick

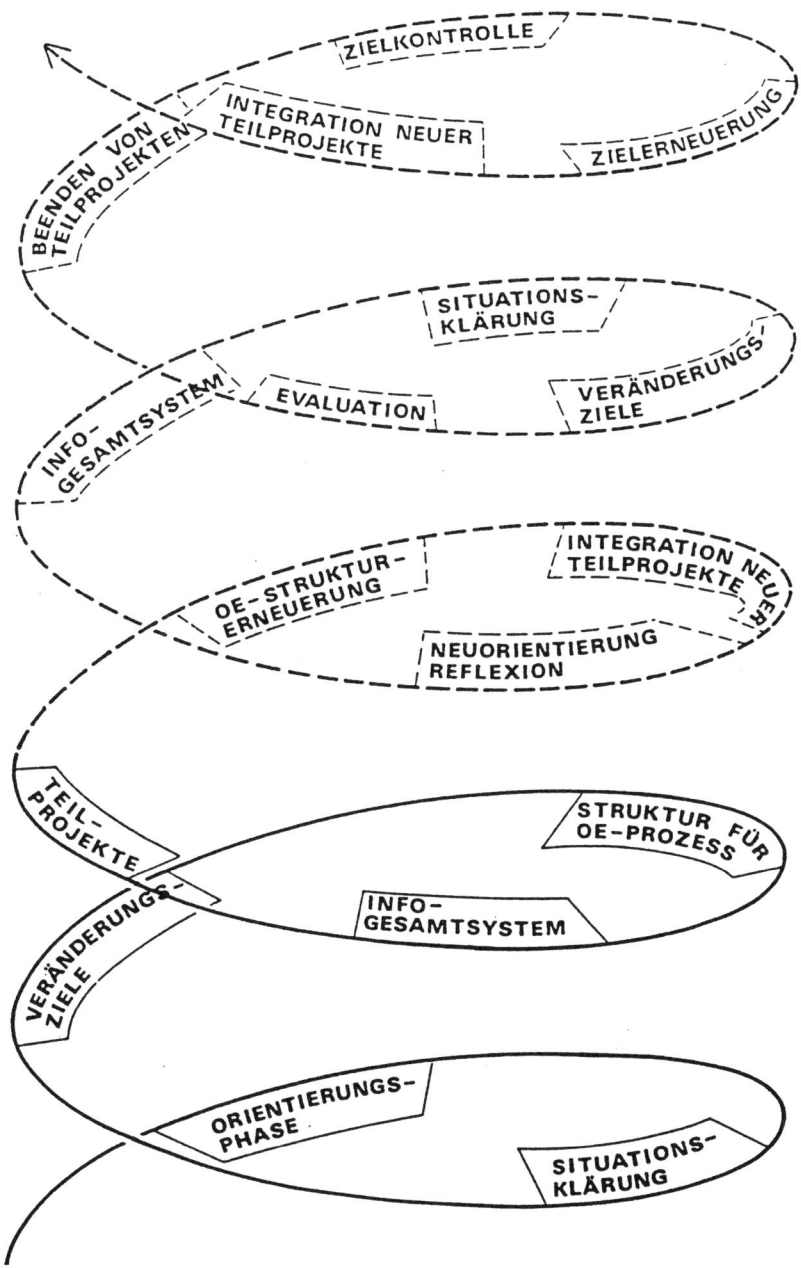

Teil 3:

"Jetzt geht's los!"

1. Orientierungsphase

Wir wissen nicht, in welcher Funktion Sie sich für einen OE-Prozess interessieren: als interner oder externer Entwicklungsberater oder als interessierte Führungskraft. Davon wird es abhängen, welche Fragen Sie beschäftigen und welche Schritte jetzt hilfreich und wichtig sind.

Wir beschreiben wichtige Elemente dieser Phase aus der Sicht eines internen bzw. externen Entwicklungsberaters, der zur Begleitung/Beratung eines firmeninternen OE-Prozesses angefragt wird (und verweisen zum Teil auf Unterschiede zwischen den beiden Rollen).

Anschliessend geben wir einige Anregungen, wie Sie als interner Berater oder als Führungskraft von sich aus Initiativen und Impulse für einen OE-Prozess geben können.

Im ersten Fall sind bei den Betroffenen bereits Vorstellungen und Veränderungsenergie bzw. -bewusstsein vorhanden. Im zweiten Fall wird es stärker darum gehen, wie Sie aufgrund Ihrer Situationseinschätzung Personen, eine Abteilung oder Führungsebene in Bewegung bringen können.

In den weiteren Phasen nehmen wir die Perspektive des internen oder externen Beraters ein, da sich engagierte Führungskräfte in der Regel die Unterstützung durch einen Berater sichern, der sich mit Distanz zum Geschehen und professionellen Methoden auf die Prozessebene konzentrieren kann.

1.1 Erstkontakt und Erstgespräch

Aus der Sicht des internen oder externen Entwicklungsberaters beginnt der OE-Prozess mit dem ersten Kontakt mit einer Person aus dem Klientsystem, der mehr oder weniger formell mit einer telefonischen Anfrage, einer Ansprache am Rand einer Sitzung oder am Gang erfolgen kann.

Wir schenken dem Beginn eines Prozesses grosse Aufmerksamkeit, weil er bereits wichtige Informationen enthält:

– *Wer nimmt Kontakt auf? Welche Funktion hat er in der Organisation? Warum gerade er?*

Es macht einen Unterschied und regt zu Vermutungen über die Dringlichkeit und Bedeutung der geplanten Veränderung an, ob der Kontakt über das Sekretariat oder durch einen Sachbearbeiter hergestellt wird, durch einen Geschäftsführer oder Bereichsleiter.

SELVINI-PALAZZOLI hat die These formuliert, dass in der Regel derjenige Unterstützung bei einem (internen oder externen) Berater sucht, der in der schwächeren Position ist bzw. befürchtet, "Verlierer" zu sein usw.

Genauso oft bestätigt sich jedoch, dass gerade der erste Gesprächspartner derjenige ist, der am interessiertesten und engagiertesten bezüglich einer Bearbeitung ist, und dass es als Berater wichtig ist zu beachten, wie Engagement und Committment bei anderen wichtigen Personen verteilt sind, um die "power" für den geplanten Prozess realistisch einzuschätzen.

– *Wer weiss von diesem Erstkontakt?*
– *Wird das Anliegen als äusserst dringend dargestellt ("besser gestern starten als heute") oder ist es eher eine vage Anfrage, eine erste Orientierung?*

Wenn der Gesprächspartner den Berater zeitlich sehr drängt, kann dies ein Hinweis darauf sein, dass der Berater Feuerwehr spielen soll (Passt das zu meinem Beratungsverständnis? Soll und will ich möglicherweise Dinge übernehmen, die jemand im Rahmen seiner Führungsfunktion angehen sollte?).

– *Wird es als leicht oder schwierig eingeschätzt, wichtige andere Personen der Organisation oder des betroffenen Bereichs für ein ausführlicheres Orientierungsgespräch zu gewinnen? Wie erklärt sich mein Gesprächspartner das, wie hängt dies mit dem vorgebrachten Anliegen zusammen?*
– *Wie geht es mir als Berater im Kontakt mit meinem Gesprächspartner?*
– *Was erhofft sich der Gesprächspartner vermutlich von meiner Begleitung/ Beratung? Was soll mein Part sein?*

1.2 Hypothesen bilden

Aufgrund solcher Fragen und Vermutungen werden erste, *vorläufige* Hypothesen zur Situation gebildet, die im weiteren Verlauf zu überprüfen sind.

Hypothesen im Sinne von Annahmen oder Erklärungen, worum es in einer bestimmten Situation geht oder wie verschiedene Phänomene zusammenhängen und zu erklären sind, hat jeder von uns ständig. Aufgabe des Beraters ist es, sich solche Hypothesen bewusst zu machen und zu überprüfen, ob sie ausreichend passend und nützlich (nicht "richtig"!) sind.

Hypothesen haben auf diese Weise organisierende Kraft. Sie ermöglichen es, die Vielfalt an Eindrücken und Informationen zu ordnen und miteinander in Beziehung zu setzen. Es ist hilfreich, als Berater mit Hypothesen flexibel umzugehen – die Regel "mehrere Hypothesen sind besser als eine" zielt darauf, mehrere verschiedene Annahmen zu formulieren, da dies der Gefahr vorbeugt, eine einzige von mehreren möglichen Erklärungen einseitig zu favorisieren.

Nützliche Hypothesen sind in der Regel ressourcen- statt problemorientiert und eröffnen dadurch Auswege aus einer Situation und fördern die Akzeptanz derselben.

Hypothesen des Beraters werden nicht in jedem Fall gegenüber den Klienten offengelegt, denn sie haben vor allem Ordnungs- und Distanzierungsfunktion für den Berater – er "fällt nicht so leicht ins System", das heisst, er kann eine eigenständige Sicht und Aussenperspektive gegenüber den Erklärungsangeboten der Betroffenen bewahren. Dem zugrunde liegt die Erfahrung, dass gerade die Art und Weise, wie eine als problematisch erlebte Situation von den Betroffenen und anderen Beteiligten beschrieben und erklärt wird, selbst Teil des Problems sein kann.

Hypothesen führen zu Fragen seitens des Beraters und die erhaltenen Antworten bestätigen oder widerlegen eine Hypothese. "Im Anfang ist alles enthalten ...", ist eine nützliche Beratungsregel, Wachsamkeit und Neugier lohnen sich gerade bei den ersten Schritten.

Wir fördern, dass am Erst- bzw. Orientierungsgespräch mehrere Personen teilnehmen, weil so in der Zusammensetzung und Dynamik des Gesprächs bereits ein Mikro-Bild des zu beratenden Systems entstehen kann. Oftmals sind mehrere Orientierungsgespräche mit verschiedenen Beteiligten notwendig.

Diese Gespräche haben zwei gleichrangige (!) Ziele: sich als Berater eine erste Orientierung zu verschaffen und bei den Betroffenen selbst durch entsprechende Fragen eine Orientierung und Auseinandersetzung in Gang zu bringen.

Berater betrachten diese Phase oftmals einseitig nur für die eigene Informationsbeschaffung als notwendig – mit der Wirkung, dass Ihnen solche Gespräche, natürlich ohne Verrechnung und ohne grosse Erwartungshaltung bezüglich möglicher Impulse, gewährt werden. Dem gegenüber sind Orientierungsgespräche in unserer Praxis Beratungssituationen und als solche Möglichkeiten für Interventionen im Klientsystem.

1.3 Sich ortskundig machen – Kontextklärung

Möglicherweise sind interne PE/OE-Profis aufgrund ihrer Organisationszugehörigkeit noch stärker als externe Berater in der Gefahr, dass sie zu Beginn einer Beratung meinen, das "Gelände" zu kennen, was dann zu erstaunlichen Überraschungen führen kann. Zudem gehen Führungskräfte und Mitarbeiter im System oft davon aus, der interne OE'ler wisse sowieso Bescheid.

- *Einige hilfreiche Fragen zur Kontextklärung:*[1]

– *Warum kommen Sie gerade zu mir (zu unserer Abteilung/Organisation)?*

Darin liegen Informationen, welche Bilder und Erwartungen der Gesprächspartner über meine mögliche Funktion im OE-Prozess hat ("Sie sind mir vom Kollegen X empfohlen worden, weil Sie bei denen eine Neuverteilung der Aufgaben so zügig vorangetrieben haben", "Ihre Arbeitsweise vor vier Jahren im Zusammenhang mit Thema X hat ermöglicht, dass einige Konflikte auf den Tisch kamen" usw.).

---

[1] Diese stammen wie eine Vielzahl weiterer nützlicher Informationen und Anregungen aus dem Erfahrungsschatz systemischer Beratung, die uns Gunthard WEBER in einer Weiterbildungsreihe vermittelt hat und die sich in unserer OE-Beratungspraxis als äusserst wirksam erwiesen haben.

Orientierungsphase

- *Wer hatte die Idee, sich beraten zu lassen?*
- *Wie haben die anderen Beteiligten darauf reagiert?*
- *Was wurde gegebenenfalls bisher bereits versucht, um das Problem zu lösen?*
- *Wie erklären Sie sich, dass das nicht funktioniert hat?*
- *Was müsste ich als Berater tun, um ähnliche Erfahrungen zu machen/um ebenfalls zu scheitern?*

Zu wissen, was sich bereits als nicht hilfreich oder zielführend erwiesen hat, kann Beratungen erheblich verkürzen, die Fragen regen die Beteiligten zum nachgreifenden Verständnis bisheriger Bemühungen an und zum Fokussieren auf neue Ideen. "Mach etwas anderes!", diese Beraterregel plädiert dafür, nicht mehr von dem, was bisher schon nicht funktioniert hat, zu tun und die Erfahrungen des Klientsystems zu nützen.

- *Finden gleichzeitig andere Beratungen statt?*
- *Welche Erfahrungen haben Sie in der Vergangenheit mit (internen/externen) Beratern gemacht?*
- *Warum gerade jetzt?*
- *Was würde passieren, wenn man jetzt nichts unternimmt?*
- *Wie lange wird/soll die Beratung nach Ihren Vorstellungen dauern? Wie intensiv soll sie sein?*

Darin liegen in der Regel Informationen, wie stabil oder labil die derzeitige Situation eingeschätzt wird und welche weitere Entwicklung erwartet wird. Die Vorstellungen bezüglich Zeit und Intensität der Beratung verweisen darauf, ob die nötige Veränderung als eher begrenzte oder komplexe Sache angesehen wird und wie schnell Lösungen erwartet werden.

- *Was soll das Ergebnis der Beratung sein? Was soll am Ende erreicht sein und woran wird erkennbar sein, dass das Ziel erreicht ist?*
- *Wer sieht dies vermutlich ähnlich? Wer anders?*
- *Was wäre ein gutes/schlechtes Ergebnis?*
- *Was soll keinesfalls passieren?*
- *Was sind mögliche Auswirkungen eines erfolgreichen/nicht erfolgreichen OE-Prozesses (und woran wird dieser Erfolg gemessen?)?*

Unklare Ziele bzw. Ziele und Vorstellungen, die gegenseitig nicht abgeklärt wurden, sind die sichersten Voraussetzungen für einen unendlichen und letztlich alle Beteiligten frustrierenden OE-Prozess. Fragen danach, was keinesfalls passieren soll, erlauben es zum Teil schon in dieser frühen Phase, Befürchtungen und Phantasien auszutauschen.

– *Welche Bedeutung haben möglicherweise persönliche Merkmale des Beraters (Alter, Geschlecht usw.)?*

Wenn Sie als Berater annehmen, Ihr Alter, die Tatsache, dass Sie die einzige Frau in einer Männerrunde sind, Ihre berufliche Ausbildung, Ihr Engagement in einer gewerkschaftlichen Frage usw. könnten sich nachteilig auf die Beratungsbeziehung auswirken, ist es vorteilhaft, dies aktiv anzusprechen (wobei wie bei allen anderen Fragen der Ton die Musik macht und die selbe Frage lösend oder provozierend, beziehungsfördernd oder langweilend wirken kann, wenn sie ohne Kontakt – stur nach "check-list" – gestellt wird).
Zudem geht es darum, Ihren Handlungsspielraum für Interventionen zu erhalten.

– *Was soll ich in meiner Funktion als Berater (OE-Begleiter) tun/nicht tun? Haben alle Beteiligten ähnliche Erwartungen an die Beratung oder gibt es Unterschiede?*
– *Was verstehen Sie unter einem OE-Prozess?*
– *Was sind Ihre Vorstellungen über hilfreiche Schritte?*

Es empfiehlt sich, nicht unhinterfragt von einem gemeinsamen Verständnis auszugehen, sondern neugierig auf die Anleitungen des Klienten zu sein ("Also keinesfalls sollen Sie uns mit Modellen und Rezepten kommen, wie etwas zu tun sei. Wir brauchen jemanden, der den Überblick hält und der uns auch mal mit kritischen Fragen und Beobachtungen konfrontiert. Und wenn mir als Vorgesetztem mal der Gaul durchgeht, sollen Sie mich einbremsen.").

– *Auf wen (welche Personen, welche Organisationseinheit) soll sich der OE-Prozess beziehen?*
– *Wer gehört zum Thema/Problem (und zur Lösung!) dazu? In welcher Form?*
– *Wer würde sich aufgrund dieser Namensliste wundern, dass er nicht dabei ist?*

Diese Fragen fördern eine sinnvolle Systemabgrenzung, die den Kreis der Beteiligten weder zu eng noch zu weit zieht – beides wirkt sich nachteilig auf den OE-

Prozess aus: Sind wichtige Personen oder Abteilungen nicht dabei, fehlt unter Umständen die Akzeptanz oder die inhaltliche Bearbeitung wird behindert, sind zu viele involviert, entsteht eine nicht handhabbare Komplexität. Wichtige Regel hierzu ist es, auf vielfältige Rollen und Funktionen zu achten: Menschen können beteiligt werden als Informationsgeber, als Entscheider, als jemand, der an der Umsetzung der Ergebnisse mitwirken muss, als jemand, der regelmässig über den aktuellen Stand informiert werden muss, als Projektmitglied usw.

- *Wie heisst das derzeitige Problem/die derzeitige Aufgabe für die Beteiligten?*
- *Wie erklären sich die Beteiligten das Problem/die derzeitige Situation?*
- *Was soll in jedem Fall gesichert, beibehalten werden?*

Als Berater achten wir im Sinne der Neutralität darauf, nicht einseitig zum Promotor von Veränderungstendenzen im System zu werden. Gerade, wo viel in Bewegung kommt oder viel Verunsicherung vorhanden ist, gilt es, die bewahrende Seite zu stärken. These: Geht der Berater einseitig mit den Veränderungskräften, müssen andere die stabilisierende Seite vertreten (und stehen dann womöglich als "Bremser" im Weg).

1.4 Vorgehensalternativen entwickeln – das Konzept

Als externe Berater entwickeln wir an dieser Stelle in jedem Einzelfall ein massgeschneidertes Konzept für den OE-Prozess, das wir dem Klientsystem in schriftlicher Form zur Verfügung stellen. Wir empfehlen dies auch internen Beratern, denn es schafft Transparenz bezüglich dessen, was bisher "angekommen" ist, sichert nochmals das gegenseitige Verständnis ab und zeigt weitere Schritte und wichtige Rahmenbedingungen verbindlich auf. Das Konzept ist die Diskussions- und Entscheidungsgrundlage für einen Beratungskontrakt (nicht im gesetzlichen Sinn, sondern als verbindliche, tragfähige Vereinbarung).

- *Inhalte des Konzepts:*
1. Beschreibung der Ausgangssituation;
2. (grobe) Zielsetzungen aus heutiger Sicht – thematischer Rahmen;
3. Systemabgrenzung;
4. Geplante Schritte in der Orientierungsphase und der Situationsklärung;
5. Wer wird dabei wie beteiligt? (insbes. Funktion und Einbeziehung des Top-Managements);

6. Rahmenbedingungen: Zeitrahmen (innerhalb der Arbeitszeit? Zeitvergütung?), Honorar oder interner Verrechnungsmodus, in jedem Fall geschätzter Zeitaufwand seitens des Beraters, interne Unterstützung, Orte (Klausuren in Seminarhotels);
7. Methoden, Arbeitsweise, Werte und Prinzipien;
8. Projektübersicht (was? mit wem? wann? Kosten?).

Das Konzept selbst wird zur Intervention durch die Weise, in der Ausgangssituation, Beteiligung und Einbeziehung des Klientsystems beschrieben werden, durch den vorgeschlagenen Zeitbedarf, die Kosten und Arbeitsformen (z.b. eine zweieinhalbtägige Klausur zur Situationsklärung mit allen Führungskräften des ausgewählten Bereiches).

Anregung: Das Konzept sollte so geschrieben sein, dass die Betroffenen es gerne lesen.
Ist die Beschreibung frei von Schuldzuweisungen? Habe ich die Schilderungen eher wörtlich wiedergegeben oder hin und wieder eine positive Umdeutung vorgenommen? Bin ich als Berater bezüglich des Inhalts und der Personen möglichst neutral? Weckt die Beschreibung der weiteren Schritte in dieser Form Neugier, Hoffnung und Veränderungsenergie?

Wir verweisen im Konzept unter Umständen bewusst darauf, dass der Kontrakt zunächst die Durchführung und Reflexion der Orientierungsphase und Situationsklärung umfasst und dass die im weiteren aufgezeigten Schritte Möglichkeiten aus heutiger Sicht sind, die neu zu vereinbaren wären – dies macht das Ausmass des geplanten Prozesses nachvollziehbarer, ausserdem ist zum Zeitpunkt der Konzepterstellung in vielen Fällen noch ziemlich offen, welche Veränderungsthemen sich ergeben und in welcher Form diese bearbeitet werden, d.h. wie weit es Unterstützung durch den Berater überhaupt noch braucht. Dennoch schlagen wir für den weiteren Prozess eine Minimalstruktur vor, die sicherstellt, dass der OE-Prozess nach der Situationsklärung nicht versandet, sondern getragen und fortgeführt wird.

1.5   Die Auswahl und Entscheidung für einen externen Berater

Internen OE-Beratern und Führungskräften stellt sich nach ersten Eindrücken und Kontakten die Frage, ob sie einen externen Berater hinzuziehen wollen, wie diese Zusammenarbeit fruchtbar werden kann, welche Anforderungen sie stellen.

Das gewichtigste Argument für einen externen Entwicklungsberater stellt unserer Ansicht nach seine Unabhängigkeit und Distanz, sein Standort ausserhalb der Organisation dar.

Er ist unbefangen von Vorgeschichte(n) und eingespielten Sichtweisen und Erklärungen, er ist frei, im guten Sinne naive Fragen zu stellen, Dinge erstmals zu sehen und zu hören, kritische Anregungen zu geben und unbequeme Interventionen zu machen – ohne unsichtbare Bindungen von Loyalitäten und Dienstvertrag (vorausgesetzt, er ist nicht in irgendeiner Weise abhängig vom Auftrag, oder, um G. WEBER zu zitieren: "Für einen Berater ist es eine wichtige Qualitätssicherung, eine Warteliste zu haben.")

- *Für einen externen Berater (in Kooperation mit einem internen) kann weiters sprechen:*
- Breite Erfahrung in unterschiedlichsten Organisationen und Themenstellungen (für interne OE'ler bewährt es sich, immer wieder einmal ein Projekt ausserhalb ihrer Organisation zu machen – vielleicht sollten Sie damit einmal mit Ihrem Vorgesetzten sprechen).
- Der externe Berater erhält leichter die nötige "power" (er steht ausserhalb der Hierarchie, der Prophet im eigenen Lande gilt vielleicht wenig).
- Der externe Berater kann, da er ausserhalb des Systems steht, vielfältigere Einflussmöglichkeiten nützen.
- Er wird als Aussenstehender von allen Seiten als ausreichend neutral akzeptiert und kann tragfähige, unbelastete Beratungsbeziehungen aufbauen.
- Er wird nicht als Teil des Problems angesehen.

- *Wichtige Qualitätsanforderungen für den internen wie für den externen Berater gleichermassen sind:*
- Kompetenz für eine entwicklungsorientierte Prozessgestaltung und vielfältiges Interventions- und Methodenrepertoire.
- Er verfügt über hilfreiche Fähigkeiten und Haltungen für einen Entwicklungsprozess (wertschätzende Haltung, Rollenbewusstsein und Flexibilität, Disziplin, Zielorientiertheit, Reflexionsbereitschaft, aktives Zuhören, Aufgeschlossenheit).
- Er ist selbst in ein Beraternetzwerk eingebunden und kann bei Bedarf Kollegen in den Prozess beiziehen (falls Umfang, Themenstellung usw. dies ratsam machen).

- Er unterzieht die Prozessberatung durch kontinuierliche Supervision einer (Qualitäts-)Kontrolle, kann "von aussen" mit professioneller Unterstützung auf das Geschehen und seine Rolle in diesem Geschehen blicken.

- *Das Beiziehen eines externen Beraters kann demnach (auch bei interner Beratungskompetenz) nützlich sein:*
  - zu Beginn des Prozesses, bis er in der Phase der Themenbearbeitung "ins Laufen gekommen" ist
  - wenn intern nicht genügend "power" vorhanden ist, um den Prozess einzuleiten
  - wenn mit konfliktträchtigen Themen zu rechnen ist oder die Basis der Zusammenarbeit erst entwickelt werden muss
  - bei tiefgreifenden, konsequenzenreichen Themen (z.B. Umstrukturierung)
  - wenn dies für den internen Berater bewusst eine Möglichkeit sein soll, "on the job" aus der Zusammenarbeit zu lernen.

Der externe Berater stellt prinzipiell keinen Ersatz für die interne Projektleitung dar, der OE-Prozess soll nach unserer Erfahrung in jedem Fall strukturell und personell in Form eines Projektleiters in der Organisation verankert sein. Die Zusammenarbeit mit einem externen Partner stellt daher immer Teamarbeit in variabler Aufgabenteilung dar. Wir regen den internen Berater oder auch Projektleiter grundsätzlich dazu an, all jene Schritte in Abstimmung und mit Unterstützung des externen Beraters selbst durchzuführen, für die er sich kompetent fühlt. Die Glaubwürdigkeit der gelebten OE-Prinzipien seitens des externen Beraters zeigt sich gerade auch an der Qualität seiner Beziehung mit dem internen.

SIEVERS schreibt: "Eine solche Teamarbeit setzt natürlich auf seiten beider Berater eher eine positive Grundeinstellung zur Teamarbeit voraus, als eine solche Konkurrenzhaltung wie sie oft dadurch hervorgerufen wird, dass ein externer Berater in den Einflussbereich gebracht wird, der bislang allein von einem internen Berater eingenommen wurde. Eine solche Zusammenarbeit erfordert regelmässige Planungssitzungen, häufige Kommunikation, um auf den neuesten Stand zu kommen, und besondere Anstrengung, ein Team zu bilden und sich als solches zu legitimieren. Der Versuch, eine solche Kooperation geheimzuhalten, muss sich für jede Beratung hemmend auswirken und ist für gewöhnlich verhängnisvoll. Offene Teamarbeit wird nicht nur mehr Ressourcen zum Tragen bringen, sondern darüber hinaus noch das Potential für eine kontinuierliche Weiterführung innerhalb des Klientsystems steigern."[2]

---

[2] SIEVERS, 1977, 111 ff.

Auf der operativen Ebene sind mit dem externen Berater Fragen und Möglichkeiten der Projektleitung zu klären (z.B. Zeiteinsatz, möglicher Start, Honorar, Dokumentation, Verfügbarkeit für nicht Planbares usw.), die strategische Richtung des Prozesses und die konkreten folgenden Schritte sind festzulegen (auf der Grundlage des Konzepts) und auf der normativen Ebene gilt es zu prüfen, inwiefern das Beratungsverständnis und Wertesystem des Beraters als hilfreich und passend erscheint.

1.6 Checklist für Ihr Gespräch mit potentiellen OE-Beratern (internen wie externen)[3]

- *Fragen, die Sie sich vor Ihrem Gespräch stellen sollten:*
1. Was weiss ich bereits über den Gesprächspartner und seine Organisation bzw. Abteilung?
2. Aus welchen Quellen stammt dieses Wissen?
3. Wie kam der Kontakt zustande? (Welche früheren Erlebnisse haben wir gemeinsam?)
4. Was weiss ich über seine Arbeitsweise?
5. Was weiss der Gesprächspartner von unserer Organisation bzw. Abteilung?

- *Welche Informationen sollten Sie während des Gesprächs bereit haben und erhalten?*
1. Wer wird seitens unserer Organisation Auftraggeber sein? – Wer wird unsererseits Partner sein (interner Projektleiter)?
2. Stellenwert, Stand und Ziel des Projektes aus unserer Sicht/aus seiner Sicht?
3. Rahmenbedingungen für Zeit, Beginn, Geld, Durchführungsort?
4. Kann und will ich mit diesem Menschen zusammenarbeiten?
5. Zusammenarbeit mit der internen Projektleitung?
6. Welche Vorstellungen hat mein Partner über einen Projektverlauf?
7. Wie verbleiben wir?

---

[3] Die Fragen sind teilweise dem Buch "Planen und Leiten von Gruppen" von LANGMAACK/ BRAUNE-KRICKAU, 1987, entnommen.

- *Einige Fragen zur Reflexion nach dem Gespräch:*
1. Wie habe ich das Gespräch erlebt?
2. Wie passen die persönlichen Merkmale des Beraters zu unserer Organisationskultur?
3. Ist der Berater anschlussfähig bei unseren Führungskräften und Mitarbeitern?
4. Hat der Berater (seine Institution oder Abteilung) genügend Kapazität für unseren Prozess und unsere Tempo-Vorstellungen?
5. Wie hat mein Gesprächspartner auf Anregungen oder Einwendungen reagiert?
6. Wie wurde über Rahmenbedingungen gesprochen?
7. Konnten wir offen über unsere Gefühle und Eindrücke sprechen?
8. Warum sage ich zu? / Warum sage ich ab?

1.6.1 Wie bewege ich etwas in einer Organisation?

Möglicherweise wurde die Absicht und Notwendigkeit, einen OE-Prozess zu starten, nicht von anderer Seite an sie herangetragen, sondern Sie selbst erkennen in Ihrer Organisation, in einem Organisationsbereich oder bezüglich einer bestimmten Frage eine solche Notwendigkeit und Chance.

Dann stellt sich die Frage, wie Sie bei den betroffenen Menschen, insbesondere Führungskräften, Bereitschaft, Einsicht, Neugier und Hoffnung dafür erwecken können.

1.6.2 Mit Fragen Unruhe erzeugen

Unruhe verstanden im Sinne des Sprichworts: "Wer sich verändern will, muss den Zustand der Ruhe verlassen."

In dem klassischen Veränderungskonzept von Kurt Lewin stand zu Beginn eines Prozesses die Phase des "Auftauens": Gewohnte Sichtweisen, Handlungen, Erklärungen, Begründungen, Strukturen und die Gleichgültigkeit der Alltagsroutine sollen in Bewegung gebracht werden (in unserem Beratungsverständnis folgt daraus nicht, dass wir uns einseitig als Vertreter und Förderer der Veränderung sehen; wir fördern zwar die Auseinandersetzung mit der aktuellen Situation, aber ebenso wichtig wie die Entwicklung ist die Erhaltung und Stabilisierung vieler Elemente).

Nach unserer Erfahrung können Fragen Schlüssel sein, um andere Menschen zur Auseinandersetzung mit ihrer Situation, mit Gewordenem und Möglichem anzuregen.

Fragen können zur Problemklärung und Konkretisierung helfen, Richtung geben, zur Betrachtung aus einer Beobachterperspektive und zur Reflexion einladen, konfrontieren usw.

Die Art des Fragestellens ist eine Kunst, die besonders im Bereich systemischer Therapie und Beratung weit entwickelt wurde.
- Weshalb ist etwas so, wie es ist?
- Wie ist es so geworden?
- Wie erklären Sie sich die Situation? Wer sieht es vermutlich ähnlich, wer anders?
- Wie hätte es sich auch anders entwickeln können bzw. wie könnte es sich künftig anders entwickeln?
- Was passiert, wenn nichts passiert, wenn die Zukunft eine Fortschreibung der Gegenwart ist? Was wäre die beste, was die schlechteste der möglichen Entwicklungen?
- Angenommen, Sie könnten frei von Bestehendem Ihren Bereich/Ihre Organisation neu gestalten, was würden Sie anders machen und was wäre Ihnen wichtig?

- *Verbündete suchen, Einfluss nützen*
- Wer sind die paar energievollen, begeisternden und beherzt zupackenden Menschen (in den unterschiedlichsten Ebenen und Funktionen), die als kritische Masse zur Verstärkung und Verdeutlichung Ihrer Ziele genügen?
- Wie gewinnen Sie deren Interesse und Unterstützung?
- Welche bestehenden Einrichtungen können Sie für Impulse, Informationen und Diskussionen nützen (Besprechungen, eine Strategie-Klausur, den Jahresbericht, eine Festrede, eine interne Informationsbroschüre, interessante Artikel, die Sie in Umlauf bringen usw.)?
- Wen brauchen Sie in jedem Fall, wenn nicht als Verbündeten, dann zumindest als kalkulierbaren Gegenpart?

Ergänzend zu Fragen ist in dieser Phase Information wichtig. Während Fragen eine gewisse Verunsicherung bewirken, baut Information "Polster" und gibt damit

die nötige Sicherheit für die ersten Schritte in einem unbekannten Prozess.
Eine zentrale Rolle spielen in jedem Fall die betroffenen Führungskräfte, bei denen es zu Beginn Bereitschaft zu entwickeln gilt. Diese erste Phase der Annäherung und des Warmwerdens mit einem Thema und der Möglichkeit, mit den Prinzipien der OE zu arbeiten, braucht möglicherweise Zeit, vorher kann jedoch sinnvollerweise kein weiterer Schritt gesetzt werden.

In unseren OE-Beratungen können unter Umständen mehrere Monate zwischen dem Erstkontakt und der klaren Entscheidung des zuständigen Management für einen Entwicklungsprozess vergehen oder nur ein paar Augenblicke, je nach Eigenheit und Situation des Klientsystems.

In einer solchen Situation als interner Berater selbst allzu aktiv zu werden, könnte bedeuten, dass andere um so mehr die "Handbremse anziehen" müssen, um sich in dem für sie stimmigen Tempo mit dem Thema beschäftigen zu können.
OE-Prozesse, in denen zu früh zu viele Beteiligte mobilisiert werden (Fragebogenaktionen, Situationsklärungsklausuren usw.), bevor im Kreis der beteiligten Führungskräfte Anliegen, Erwartungen, Befürchtungen, ihre Funktion ausreichend geklärt sind, geraten mit hoher Wahrscheinlichkeit ins Stocken, sobald es um die Bearbeitung wirklich bedeutsamer Fragen geht (OE ist eben kein quasi- oder pseudodemokratisches Vorgehen unter Missachtung bestehender hierarchischer Verhältnisse, sondern die authentische Entwicklung und Gestaltung der Organisation unter Beteiligung der Führungskräfte und Mitarbeiter).

In der folgenden Darstellung werden vier Zustände unterschieden und Anregungen gegeben, was in der jeweiligen Phase seitens des Beraters hilfreich ist[4]:

---

[4] Dargestellt von WEISBORD, 2/1989, 17, nach einem Modell Claes JANSSEN.

Zimmer der Zufriedenheit	*Zimmer der Erneuerung*
Was der Klient sagt: "Ich mag es so, wie es zur Zeit ist." *Was der Berater tun sollte:* Die Leute alleine lassen, es sei denn, er glaubt, dass das Haus brennt.	*Was der Klient sagt:* "Wir haben mehr Möglichkeiten, als wir je ausnutzen werden. Ich weiss nicht, wo wir anfangen sollen." *Was der Berater tun sollte:* Unterstützung durch einfache gemeinsame arrangierte Aufgaben geben.
Zimmer der Verleugnung	*Zimmer der Verwirrung*
Was der Klient sagt: "Was, ich soll mir Sorgen machen? Alles ist doch in Ordnung, denke ich ..." *Was der Berater tun sollte:* Fragen stellen. Unterstützung geben. Die Aufmerksamkeit erhöhen. Keinen Rat geben.	*Was der Klient sagt:* "Das ist das grösste Durcheinander, was ich je gesehen habe. Hilfe!!!" *Was der Berater tun sollte:* Das Vorgehen strukturieren. Aufmerksamkeit auf Zukunft lenken. Die Leute zusammenbringen. Hilfe anbieten.

1.6.3 Ablaufvorschlag

für eine Präsentation Ihres Anliegens vor dem Management, die Sie (mit Unterstützung einiger interessierter Kollegen) selbst durchführen:

	Anmerkungen
Begrüssung und Informationen über Vorgeschichte	Persönliche Betroffenheit ansprechen!
Kurzinformation über Ziele und Methoden der OE (je nach Bedeutung für die Organisation auch über): - Organisationstypen - Entwicklungsphasen - Veränderungsstrategien	
Moderierte Diskussion über "Ansatzpunkte, Chancen und Notwendigkeit von OE in unserer Organisation": Was erscheint wichtig? Was ist unklar? Wozu habe ich Fragen?	Kleingruppen oder Zweiergespräche
Diskussionsergebnisse austauschen und festhalten	
Offene Fragen klären	
Mögliche nächste Schritte erläutern und Grobstruktur aufzeigen	Mögliche Schritte können sein: Gruppeninterviews und/oder Situationsklärungsklausur(en) (s. dazu die Beschreibung der Situationsklärungsphase ab S. 121 ff. und den Grobstruktur auf S. 92 ff.)
Vereinbarung für weiteres Vorgehen treffen, gegebenenfalls klären: In welcher Einheit der Organisation (Abteilung, Filiale, Führungsebene) soll der OE-Prozess starten?	Zum Beispiel Kontakt mit externem OE-Berater aufnehmen, weitere Personen über Inhalt und Ergebnisse dieser Veranstaltung informieren. Grobablaufkonzept erarbeiten; Personen für nächste Schritte auswählen, Rahmenbedingungen klären (Zeit, Geld, Beteiligte usw.)

1.7 Checklist zu den Phasenzielen

Unabhängig vom Verlauf der Orientierungsphase in Ihrem konkreten Fall sollten Sie jetzt Antworten auf die folgenden Fragen haben:

- Wie lautet der Auftrag für Ihre Beratung?

_____
_____
_____

- Was sind vorläufige Ansatzpunkte und Grobziele für den OE-Prozess?

_____
_____
_____

- Systemdifferenzierung: Auf welche abgegrenzte Einheit (Abteilung, Filiale, Führungsebene usw.) soll sich der OE-Prozess vorerst beziehen? Welche Mitarbeiter sind demnach im nächsten Schritt über den geplanten OE-Prozess zu informieren?

_____
_____
_____
_____

- Soll der Prozess zunächst mit oder ohne externe Begleitung gestaltet werden? (gegebenenfalls:)
  - Welcher Partner wurde ausgewählt?
  - Welche Vereinbarungen wurden getroffen (liegt ein schriftlicher Vertrag vor, der Aussagen zur Ausgangssituation, zur Grobbeschreibung des Ablaufs, Kosten, Methodik, Vertraulichkeit enthält?)?

1.7.1 Information und Diskussion des geplanten Projekts mit den Betroffenen

Die Orientierungsphase schliesst mit der Information des Gesamtsystems (jener abgegrenzte Bereich der Organisation, auf den sich der OE-Prozess bezieht), wodurch der OE-Prozess in vollem Umfang öffentlich wird. Indem nicht nur jene Mitarbeiter informiert werden, die unmittelbar in die nächsten Schritte einbezogen sind, sondern alle Mitglieder der ausdifferenzierten Einheit für den OE-Prozess, wird Phantasien vorgebeugt oder können bereits entstandene Halbinformationen geklärt werden.

Durch die Veröffentlichung und Diskussion der Ziele und Anlässe für den Prozess können diese in breitem Kreis wirken.

1.7.2 Ablaufvorschlag

Begrüssung	Sollte durch die Unternehmensleitung erfolgen, da dadurch offiziell die Bedeutung des geplanten Entwicklungsprozesses für alle erkennbar und glaubwürdig wird.
Rahmen (Zeit + roter Faden) vereinbaren	
Vorgeschichte (Wie es dazu kam? Warum machen wir das?)	
Information über Stellenwert und über Projektziele, Projektablauf, Projektprinzipien, nächste Schritte	
Wünsche, Befürchtungen, Fragen, Anregungen und kritische Äusserungen aufnehmen und diskutieren	
Abschluss: Stimmungsabfrage "Welches Gefühl habe ich jetzt, wenn ich an dieses Projekt denke?"	

1.8 Fragen zur Einschätzung der Erfolgswahrscheinlichkeit des geplanten OE-Prozesses[5]

Wenn Sie die wesentlichen Schritte der Orientierungsphase durchgeführt haben, haben sich Erfahrungen und Ideen zum Was, Wie, Wenn und Aber eines OE-Prozesses konkretisiert.

Nachfolgend regen wir sie mit einigen Fragen an, jetzt nochmals die Ausgangssituation und -bedingungen für den geplanten Prozess einzuschätzen und gegebenenfalls einige Massnahmen daraus abzuleiten.

Wenn Sie sich noch allein mit der konkreten Idee eines OE-Prozesses in Ihrer Organisation beschäftigen, könnten die Fragen zur eigenen Klärung und Entscheidung dienen, ob Sie sich an die praktische Tat machen wollen.

---

[5] Diese Fragen wurden entwickelt von DYER, zitiert im MAO-Brief 4/86, 12 f. Sie wurden von uns teilweise der Situation entsprechend umformuliert.

1. Beschreiben Sie die angestrebten Veränderungen und den erwarteten Nutzen: Sind Ihnen diese klar und deutlich vor Augen (oder: Angenommen, alles läuft optimal, was ist dann am Ende des Prozesses erreicht?)

   _____
   _____
   _____

2. Die Umsetzung Ihrer Ideen erfordert entsprechendes Engagement. Wie sehr wollen Sie sich dafür einsetzen (Was darf nicht passieren, was sind Sie bereit zu investieren und auf sich zu nehmen?)?

   _____
   _____
   _____

3. Welche anderen Personen sind von Ihren Vorstellungen betroffen? Wie viel Engagement und Verbindlichkeit für den geplanten Prozess wurden bisher bei ihnen erkennbar bzw. vermuten Sie?

   _____
   _____
   _____

4. Über wieviel Zeit, Kapazität (Manntage) und notwendige andere Ressourcen werden Sie verfügen?

   _____
   _____
   _____

Orientierungsphase 119

5. Was werden Ihre notwendigen Tätigkeiten für die geplanten Schritte sein?

_____
_____
_____
_____

6. Wie könnten Sie es schaffen, im Rahmen des OE-Prozesses möglichst schnell in Schwierigkeiten zu geraten?

_____
_____
_____
_____

7. Wer sind wichtige Schlüsselpersonen, die den OE-Prozess mittragen müssen, wenn er erfolgreich sein soll und welchen Grad der Unterstützung erkennen Sie bei ihnen?

_____
_____
_____
_____

- Welche Fragen haben sich bei diesen Überlegungen als offen herausgestellt?

_____
_____
_____
_____

- Mit wem können Sie diese, soweit nötig, klären?

_____
_____
_____
_____

- Was ist sonst noch zu klären bzw. zu unternehmen, bevor Sie den OE-Prozess in der nächsten Phase auf eine breitere Basis stellen?

_____
_____
_____
_____

2. Phase der Situationsklärung

Situationsklärung, das heisst nun, die Beteiligten mit hilfreichen Methoden anzuregen, aus möglichst vielen verschiedenen Blickwinkeln, Positionen und durch verschiedene Brillen Bilder der Ist-Situation zu entwerfen, diese auszutauschen und die Vorstellungen bezüglich Veränderungsrichtung und -notwendigkeiten zu diskutieren.

2.1 Oberstes Prinzip: Selbstdiagnose und eine Haltung der Neugier

Die Situationsklärung unterscheidet sich von der Diagnosephase der Fachberatung oder des traditionellen Medizinverständnisses grundlegend, denn die Betroffenen selbst sind und bleiben aktiv und entscheidend beteiligt, sie werden nicht zu quasi unmündigen Statisten ihres eigenen Arbeitsalltags und ihrer Organisation.

Der OE-Berater versteht sich in erster Linie dafür verantwortlich, den Diagnoseprozess methodisch und vom Design, der Struktur her zu unterstützen. Er wird und kann auch eigene Beobachtungen und Vermutungen einbringen, aber er stellt diese zur Verfügung, versteht sie als Angebote und nicht als Dogma.

Die systemische Organisationsentwicklung geht nicht davon aus, es gäbe eine "objektive", "richtige" Sicht und Wirklichkeit, die man mit entsprechenden Methoden und Fachleuten freilegen könne. Wenn sich im Laufe der Diskussionen ein gemeinsames Verständnis der Situation entwickelt, so ist das nicht die "Wahrheit" über die Unternehmenssituation (wie dies von manchen Fachexpertenmodellen suggeriert wird), sondern eine von den Betroffenen geteilte Beschreibung und Erklärung dafür.

Diese womöglich etwas abstrakt klingende Unterscheidung hat praktische Konsequenzen: Jeder Beteiligte wird mitverantwortlich für seine Sicht der Dinge, kann sich nicht mehr allein auf Experten als Schützenhilfe zur Absicherung seines Welt- und Organisationsbildes verlassen, Neugier für die unterschiedlichen Vorstellungen erscheint wichtiger und zielführender als die Suche nach der Wahrheit.

2.2 Die Situationsklärung als persönlicher Lernprozess

Der Beginn des Austauschs über die gegenseitigen Wahrnehmungen (das, was individuell für-wahr-genommen wird), Hoffnungen und Beziehungen gleicht oftmals dem folgenden Dialog[6]:

Das Auge sagte eines Tages: "Ich sehe hinter diesen Tälern im blauen Dunst einen Berg. Ist er nicht wunderschön?" Das Ohr lauschte und sagte nach einer Weile: "Wo ist ein Berg, ich höre keinen." Darauf sagte die Hand: "Ich suche vergeblich, ihn zu greifen. Ich finde keinen Berg." Die Nase sagte: "Ich rieche nichts. Da ist kein Berg."

Da wandte sich das Augen in eine andere Richtung. Die anderen diskutierten weiter über diese merkwürdige Täuschung und kamen zu dem Schluss: "Mit dem Auge stimmt etwas nicht."

Es ist faszinierend, wie unterschiedlich und vielfältig sich ein und dieselbe "Wirklichkeit" den einzelnen Mitgliedern darstellt und folgenreich, wenn klar wird, dass jeder einzelne aufgrund seines subjektiven Bildes handelt. Situationsklärung heisst, die verschiedenen Bilder (vielleicht erstmals) zu besprechen.

Der Berater fördert in dieser Phase zuerst die Vielfalt der Sichtweisen, regt dazu an, diese nebeneinander stehen und gelten zu lassen, dem anderen zuzugestehen, dass er mit genau dem selben Recht wie ich eine andere Sicht hat.

Wie in der folgenden Zeichnung ausgedrückt, sollte die Situationsklärung der Ort sein, an dem sich A (symbolisch) zu B begibt und interessiert ist, wie das Organisationsgeschehen sich von dort aus präsentiert. (Manchmal nehmen wir dieses Bild wörtlich und schlagen vor, dass sich die einzelnen Mitarbeitergruppen in ihrem jeweiligen Bereich tatsächlich aufsuchen und sich "vor Ort" anhören und fühlen, wie der Kollege aus der Produktion oder dem Verkauf die aktuelle Situation erlebt.)

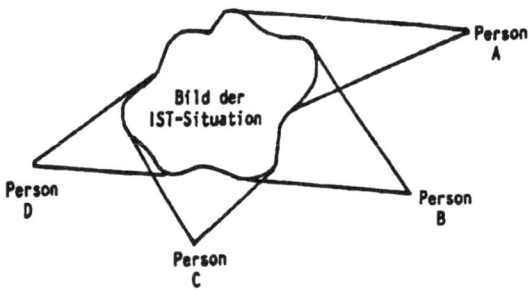

---

[6] K. GIBRAN, 1975.

Damit liegt in der Situationsklärung eine grosse Lernchance für die Beteiligten: Wer akzeptieren kann, dass seine Vorstellungen und Wirklichkeiten nicht richtig sind, sondern im besten Falle ausreichend gut mit denen anderer Menschen übereinstimmen, lernt Toleranz und Respekt.

Es gleicht der Geschichte von den Blinden, die einen Elefanten betasten, wobei jeder nur ein Teil abtastet und das dann für das Ganze hält – die Folge sind natürlich völlig unterschiedliche Vorstellungen, um die sich unendlich diskutieren liesse, welche "richtiger" ist (Konsequenzenreich ist es ja, wenn Mitarbeiter oder Führungskräfte solche Begrenzungen nicht erkennen und von ihrem Schreibtisch oder Arbeitsplatz aus das Wohl der Organisation als Ganzes bestimmen wollen – ohne sich aus der Distanz einen Gesamtüberblick verschafft zu haben).

"Differenzieren vor Integrieren" ist eine wichtige Beratungsmaxime, die gerade in dieser Phase unterstützt, dass Unterschiede herausgearbeitet werden und dass gerade aus dem Verständnis der Unterschiede ein tragfähiges, angemessenes, buntes Gesamtbild entsteht.

Über die beschriebenen Wirkungen bezüglich Wahrnehmung hinaus kann die Haltung der OE, die nun unmittelbar erlebbar wird, tiefgreifende persönliche Lern- und Reflexionsprozesse auslösen:

"Beteiligt zu sein an der Veränderung von Strukturen und Beziehungen, die bisher in der Regel als von aussen gesetzte erlebt und erfahren wurden, die bisher dem eigenen Einfluss und persönlicher Fähigkeit nicht erreichbar waren, die bisher nur durch grosse Risiken und hohen Preis (Arbeitsplatzwechsel, Umzug, Neubeginn usw.) beeinflussbar erschienen, setzt ein ungeahntes Mass an Motivation, an Energie und Kreativität frei, wenn es gelingt, die Beteiligten von der Ernsthaftigkeit und der Solidität des Vorhabens zu überzeugen... Für jemanden, der noch niemals in einer Gruppe von Menschen gesessen hat, die sich nun – nach Jahren und Jahrzehnten entgegengesetzter Erfahrungen – angeregt sehen, über wesentliche und grundsätzliche Bedingungen ihrer eigenen Existenz öffentlich zu sprechen und diese mitzuentscheiden, ist es wahrscheinlich kaum vorstellbar, welches Mass an Ungläubigkeit, an Vorsicht, an Misstrauen und an Angst zutage treten kann.

Dies gilt für beide Bereiche: Zunächst wird weder an die Veränderbarkeit der Strukturen geglaubt noch an die von Beziehungen. Zu gross ist der Schutt vergangener, leidvoller Erfahrungen, zu stark die Abwehr der Hoffnung, ist doch gleichzeitig mit dem Zulassen dieser Möglichkeit – namentlich bei Älteren und schon seit geraumer Zeit in dieser Organisation Arbeitenden – das Erleben der eigenen verpassten Möglichkeiten verbunden, die Einsicht in das Ausmass der Anpassung während vergangener Jahre, wird doch der lange und schmerzliche Weg in die persönliche Resignation augenscheinlich!"[7]

2.3 Woran wird in der Situationsklärung gearbeitet?

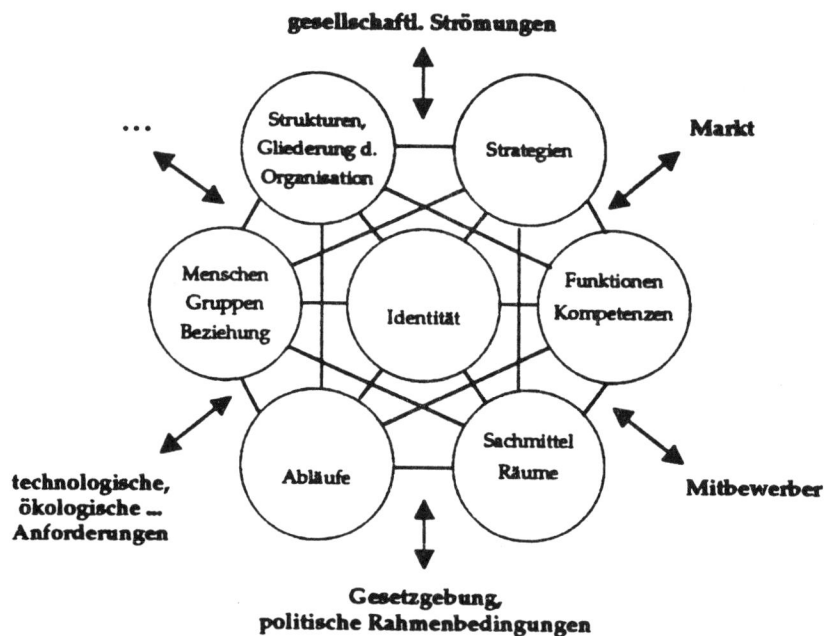

Und ausserdem wird gearbeitet am Verständnis
- der aktuellen Entwicklungsphase und Möglichkeiten der Weiterentwicklung
- der bevorzugten Veränderungsstrategien
- des entsprechenden Organisationstyps.

Der Berater bietet mit diesen und/oder weiteren für die spezielle Ausgangssituation relevanten Modellen eine Art Gerüst zur Strukturierung der vielfältigen Informationen, Eindrücke, Fragen, Anregungen. Das stellt selbstverständlich

---

[7] KRÄMER, 1981, 314 f.

gleichzeitig eine Intervention dar, weil beispielsweise die Darstellung der Entwicklungsphasen eine neue Erklärung für das aktuelle Organisationsgeschehen und für aussichtsreiche Entwicklungsschritte darstellen kann (darin besteht eine Anforderung an den Berater: durch die Art der Methoden und Modelle zu neuen Sichtweisen einzuladen, weil dann auch neue Lösungen und Alternativen wahrscheinlich werden).

2.4 Die Vorgehensweise

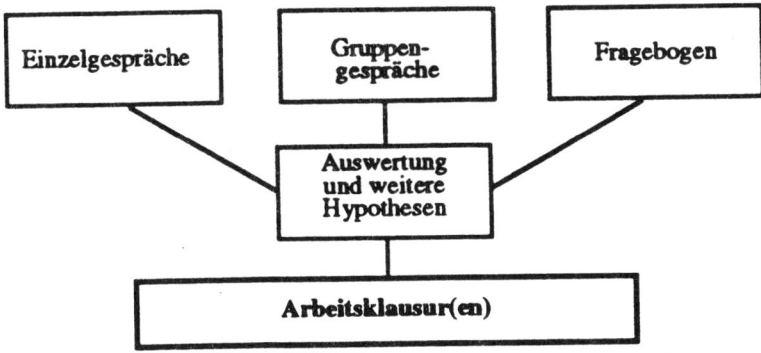

Kernstück dieser Phase sind eine oder mehrere, in der Regel zweieinhalb- bis dreieinhalbtägige Arbeitsklausuren. Die wahlweise oder kombiniert eingesetzten Beratungsgespräche und/oder Fragebogen vorab zielen darauf, den Prozess der Auseinandersetzung mit der eigenen Situation schon vor der Klausur in Gang zu bringen (Gruppengespräche lösen in der Folge intern oft weitere – selbstorganisierte – Gespräche aus) und bei der Klausur selbst differenziertere Sichtweisen zur Verfügung zu haben.

2.4.1 Systemische Gruppengespräche

Sie stellen mittlerweile eine bevorzugt eingesetzte Methode im Vorfeld einer Arbeitsklausur dar: Durch die Anwesenheit mehrerer Organisationsmitglieder, die ihre Sichtweisen darlegen und gegenseitig Unterschiede und Übereinstimmungen erkennen, wird das Prinzip der Selbstdiagnose lebendig.

Die Beteiligten selbst sollen ihre Situation besser verstehen und ihre Zukunftsvorstellungen konkretisieren, es geht nicht darum, in erster Linie dem Berater möglichst viele Informationen "abzuliefern". Gefördert wird der Austausch seitens des Beraters, indem er darauf fokussiert, Unterschiede und Gemeinsamkeiten klar herauszuarbeiten, bei Problemen nach Ausnahmen zu fragen, eine Lösungs- statt Problemorientierung zu fördern und immer wieder zu Konkretisierungen herauszufordern.

Eine systemische Besonderheit stellen hierbei zirkuläre Fragen dar, die manchmal mit "tratschen in Gegenwart der Anwesenden" beschrieben werden: "Was vermuten Sie, Herr X, wie Herr Y diesen Vorfall aus seiner Sicht beschreiben würde?" Herr Y ist anwesend, kann sich die Schilderung von Herrn X anhören und wird anschliessend um seinen Kommentar gebeten. Dies Beispiel sei nur zur Verdeutlichung angeführt, wie im systemischen Beratungsverständnis in Gesprächen der Informationsstand der Beteiligten erhöht wird und nicht (nur) der des Beraters.

Die Gruppengespräche werden dadurch eigenständige Elemente der Situationsklärung und dienen nicht in erster Linie der "Datensammlung" für die folgende Klausur (wie es Interviews im klassischen Beratungsmodell, auch in traditionellen OE-Ansätzen, waren).

Leitfragen für die Gruppengespräche sind die in der Kontextklärung beschriebenen (S. 102 f.) und Fragen zu den sieben Wesenselementen, dem Organisationstypus, der Entwicklungsphase usw. (s. Teil I des Aktionshandbuches).

2.4.2 Einzelgespräche

Sie bieten einen guten Zugang, wenn bei den einzelnen Beteiligten wenig Vertrauen und Offenheit und ein niedriger Selbstwert vorhanden ist. Sie ermöglichen eine individuelle Auseinandersetzung mit der Situation vorab, sollen jedoch nicht dazu dienen, dem Berater "Geheimnisse" anzuvertrauen oder Quasi-Aufträge zu erteilen.

Dies setzt voraus, dass der Berater sich als Berater des Gesamtsystems versteht und nicht als Berater für einzelne Personen oder zum Anwalt einzelner Interessen wird. Er muss gleichermassen signalisieren, dass er die individuelle Sichtweise als solche akzeptierend aufnimmt, ohne sie zu übernehmen oder zu bestätigen und verstärken. Der Berater wird auch im Einzelgespräch immer wieder zu alternativen Sichtweisen anregen und andere Perspektiven und Personen "symbolisch" durch seine Fragen hereinholen.

Durch die Auswahl der Gesprächspartner sollte ein verkleinertes Abbild jener Einheit entstehen, auf die sich der OE-Prozess bezieht (unterschiedliche Hierarchieebenen, Personen aus verschiedenen Bereichen, mit unterschiedlich langer Betriebszugehörigkeit, Befürworter und Kritiker einer zentralen Frage usw.).

Je nach vorheriger Vereinbarung und Zielsetzung der Einzelgespräche werden diese mehr oder weniger strukturiert durchgeführt. Wenn daraus bereits Diskussionsmaterial für die Arbeitsklausur entstehen soll, zeichnen wir die Gespräche (nach Vereinbarung mit dem Gesprächspartner) auf und werten sie anschliessend aus. Entweder nach thematischer Orientierung, indem die Beiträge aller Gesprächspartner unter verschiedenen Kategorien zusammengefasst werden (möglichst wörtliche Zitate, Interpretationen seitens des Beraters vermeiden) oder indem die Aussagen pro Gesprächspartner eine Einheit bilden. Anschliessend werden die gesamten Gesprächsergebnisse auf Pinwandformat vergrössert, um die gemeinsame Diskussion und Bearbeitung zu erleichtern.

2.4.3 Fragebogen

Auch Fragebogen werden heute nicht mehr zur Sammlung von (subjektiven) Daten und Informationen verwendet, sondern als Anregung für eine individuelle Auseinandersetzung, wobei vorgeschlagen wird, dass die eingebundene Führungskraft die Fragen mit Mitarbeitern ihres Bereiches durcharbeitet. Dadurch wird indirekt ein weit grösserer Kreis von Mitarbeitern eingebunden als nur die unmittelbar an einer Arbeitsklausur teilnehmenden.

Wie die Gesprächsleitfragen wird der Fragebogen aufgrund erster Hypothesen aus der Orientierungsphase organisationsspezifisch zusammengestellt, wobei die vorerst benannten Themen zwar schwerpunktmässig berücksichtigt werden, aber die Ganzheitlichkeit gerade darin besteht, mit Fragen zu allen Wesenselementen, zur Entwicklungsphase Verknüpfungen des Themas und den grösseren Zusammenhang deutlich zu machen.

Neben den dargestellten Methoden der Einzel- und Gruppengespräche sowie Fragebogen ist es denkbar, dass aufgrund der Orientierungsphase auch noch Fachanalysen durchgeführt werden (z.B. Bilanzanalysen, Funktionsanalysen, Raumanalysen, Marktforschung und -analyse und dergleichen mehr).

Der wesentlichste Unterschied zwischen Fachberatung und systemischer OE besteht im Umgang mit diesen Daten. Im Sinne der OE sind auch von Fachberatern erarbeitete Daten subjektive Bilder – und keine Wahrheiten! –, die im weiteren Verlauf der Situationsklärung von dem Menschen im Klientsystem im Sinne der

Selbstdiagnose verarbeitet und über entsprechende Veränderungsziele in Konsequenzen übergeleitet werden usw.

2.4.4 Arbeitsklausur(en)

Je nach Anzahl der einzubeziehenden Personen finden eine oder mehrere (ähnlich strukturierte) Klausuren statt. Die einzelnen Teilnehmergruppen umfassen in der Regel nicht mehr als zwölf bis zwanzig Personen, da andernfalls eine sehr starke Strukturierung mit Arbeitsaufträgen in kleineren Gruppen erforderlich wäre, um die Komplexität handhabbar zu halten und da gerade der Austausch in der Gesamtrunde eine wichtige Erfahrung ist (andererseits – OE-Prozesse sind einmalig – gibt es auch Klausurerfahrungen mit 30 oder 100 Teilnehmern, wo es gerade darum ging, das gesamte System mit seinen Subeinheiten "in einen Raum zu bringen").

- *Das Arbeitsprinzip:*

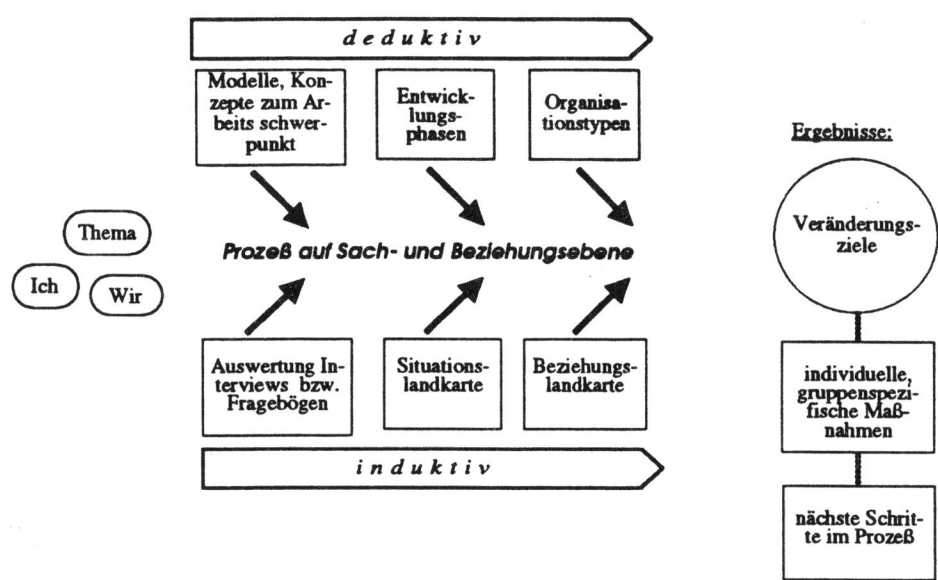

Phase der Situationsklärung 129

Die Impulse für die deduktive Auseinandersetzung werden vom Berater in Form von Kurzpräsentationen, Thesen und Beispielen eingebracht, die induktive Auseinandersetzung regt er mit einer Kombination bildlich-kreativer und analytischer Methoden an. Der überraschendere, ungewöhnliche Zugang sind eher die bildlich-kreativen Methoden, die jedoch besonders geeignet sind, Muster (im systemischen Verständnis) zu erkennen, etwas ganzheitlich (auch im Sinne von "mit Kopf und Bauch") zu erfassen und Neugier zu wecken.

Ein "Bild" der Situation kann durchaus wörtlich als Anregung verstanden werden, die Teilnehmer mit Wachskreiden, Ton, Collagematerial und anderem arbeiten zu lassen. In dieser kreativen Gestaltung werden unbewusste Aspekte spielerisch mitverarbeitet, Unaussprechbares kann sich sozusagen "durch die Hintertür" im Bild, im Tonentwurf äussern, zudem fördert das kreative Gestalten ein lustvolles, positives Arbeitsklima und die anschliessenden gemeinsamen Gespräche tun neben dem inhaltlichen Vorankommen auch dem Klima, den Beziehungen gut. Generell gilt, dass bei all diesen kreativ-intuitiven Methoden genügend Zeit und Sorgfalt für die Einleitung und Auswertung verwendet werden muss und dass sie vom Berater selbst als für ihn und die Gruppe und das Thema stimmige Methoden empfunden werden (und nicht bloss als Gag).

- *Die Hauptelemente der Arbeitsklausur sind:*
  - ankommen, "warmlaufen", arbeitsfähig werden
  - Auseinandersetzung mit der Ist-Situation
  - Erarbeiten von Zukunftsbildern
  - (erste) Veränderungsziele
  - erste individuelle und gruppenbezogene Massnahmen
  - Ausblick auf weitere Schritte.

- *Die Methoden:*

Folgende ausgewählte Methoden zur Erfassung der Ist-Situation und Erarbeitung von Zukunftsbildern beschreiben wir anschliessend genauer: die Beziehungslandkarte, die Systemdarstellung mit Holzfiguren, die Situationslandkarte, die Ideal-Organisation, die Organisation als Symbol, die Collage-Technik, die Lebenslinie der Organisation, die Erarbeitung von Veränderungszielen.

Es sind aber gerade in diesem Bereich Grenzen nur dadurch gesetzt, dass der Berater Ziele, mögliche Wirkung, eigene Erfahrungen mit der Methode sorgfältig abwägt. Neben diesen universellen dargestellten Methoden soll nicht übersehen werden, dass natürlich die jedem Wesenselement entsprechenden spezifischen Modelle, Theorien, Methoden im Geist der Entwicklungsstrategie eingesetzt werden, d.h. dass die inhaltliche Ausfüllung durch die Betroffenen selbst erfolgt und die Methode die Selbst-Diagnose unterstützt (z.B. strategische Planungsinstrumente, eine Struktur zur Erarbeitung eines Leitbildes, ein Raster zur Er- und Bearbeitung strategischer Geschäftsfelder, ein Fragebogen zur Analyse der Team- und Kooperationsfähigkeit oder des Führungsverhaltens usw.).

Die Haltung der OE stellt Ansprüche an eine Methode: Das Ziel rechtfertigt nicht länger die Mittel, die Methode muss unabhängig von einer Legitimation durch das erreichte Ziel im Moment ihres Einsatzes dem Entwicklungsgedanken und den Prinzipien der OE entsprechen.

Methodenwechsel, ein sinnvoller Methodenmix (dazu gehört auch Wechsel von Einzel-, Kleingruppen- und Plenumsarbeit) können im Verbund zu einer höheren Qualität der Auseinandersetzung und Diagnose führen als dies eine einseitig analytische oder bildlich-gefühlsmässige Vorgehensweise bewirken würden.

Generell gilt für den Methodeneinsatz: Methoden sind Hilfsmittel, nicht Selbstzweck, ihr Einsatz orientiert sich an den zu erreichenden Zielen, an der erwarteten Wirkung, an der Akzeptanz der Methode durch die Gruppe und an der Persönlichkeit, Kompetenz und Erfahrung des Beraters. Damit wird deutlich, dass die Person des Beraters wesentlich mitbestimmt, welche Themen und Fragen in einem OE-Prozess angesprochen bzw. unter den Tisch gekehrt werden; zum Beispiel werden mit einem konfliktscheuen Berater keine Konflikte bearbeitet. Dementsprechend ergibt sich für OE-Berater die Notwendigkeit zu einem ganzheitlichen, persönlichen Entwicklungsprozess und zur Supervision seiner Beratungsarbeit als selbstverständliche Anforderung.

Bei der Auswahl von Methoden gilt es dementsprechend folgende Fragen zu überlegen:
- Entspricht die Methode meiner Persönlichkeit und meinen Fähigkeiten?
- Entspricht die Methode dem anvisierten Ziel?
- Dem Menschenbild der OE?
- Entspricht sie der gegenwärtigen Situation (Teilnehmer, Zeit, Raum, Energie, Tiefe der Bearbeitung usw.)?

Im folgenden beschreiben wir die ausgewählten Methoden genauer.

2.5 Die Beziehungslandkarte

- *Ziel:*

Die individuelle und gemeinsame Auseinandersetzung der Teilnehmer mit dem subjektiv erlebten Beziehungsgefüge in Gang bringen und die Qualität der Beziehungen in einer Arbeitsgruppe, Abteilung oder zwischen verschiedenen Unternehmensbereichen sichtbar und bearbeitbar machen.

- *Material:*

Ein Arbeitsblatt pro Teilnehmer (Muster auf S. 132).

- *Ablauf:*

Die Teilnehmer erarbeiten, jeder für sich, mit Hilfe eines Rasters zunächst ihre individuelle Sicht der gegenseitigen Beziehungen im System.

Anschliessend fertigen Sie auf einer Pinwand oder einem Flip-chart ein gemeinsames Bild der Beziehungssituation an, indem die unterschiedlichen Sichtweisen übertragen werden. Interessant sind hier gerade die unterschiedlichen Einschätzungen: Wie erklärt man sich diese Unterschiede? Welche Situationen, Kriterien hatte der einzelne bei seiner Einschätzung im Auge? Wie sehen die jeweiligen Partner selbst ihre Beziehung? Was sollte verändert werden? Was müsste geschehen, um diese Beziehung noch weiter zu belasten? Wie wird sich eine Beziehung vermutlich weiterentwickeln, wenn alles so weiterläuft wie bisher? Wie geht's den Teilnehmern insgesamt und dem einzelnen in diesem "Gelände"?

Alternativ zum Erstellen eines gemeinsamen Bildes können die einzelnen Einschätzungen nacheinander vorgestellt und ausgetauscht und davon ausgehend Unterschiede, Fragen und Veränderungsziele herausgearbeitet werden.

- *Variante:*

Häufig ist es neben der Einschätzung individueller Beziehungen auch wichtig, die Beziehungen zwischen ganzen Gruppen/Abteilungen zu betrachten – dies fördert die Wahrnehmung von Zusammenhängen auf der strukturellen und funktionsbezogenen Ebene "schwieriger" Beziehungen, beispielsweise zwischen Verkauf und Produktion, anstelle personenbezogener Zuschreibungen (dann stellt sich beispielsweise heraus, dass die Beziehung zwischen zwei Product Managern aufgrund

Musterblatt für das Erstellen einer Beziehungslandkarte (je nach Anzahl der Teilnehmer ist die Anzahl der Kreise zu vergrössern oder zu verringern):

Meine Arbeitsgruppe (unsere Abteilung/unsere Organisation):

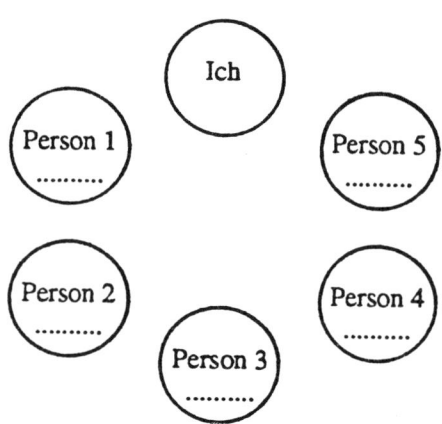

- Tragen Sie gemeinsam die Namen jenes Personenkreises ein, für den Sie die Beziehungslandkarte erstellen wollen

- Stellen Sie zunächst allein die Beziehungen der Personen anhand der rechts erklärten Symbole aus Ihrer Sicht durch die entsprechenden Verbindungen dar

- Erstellen Sie eine gemeinsame Beziehungslandkarte und diskutieren Sie das Ergebnis

——————— nicht belastete, tragfähige Arbeitsbeziehung

═══════ sehr gute, offene Beziehung

⊢⊣ Konflikt (durch Handlungen für alle wahrnehmbarer Konflikt, tritt offen zutage)

⊕-- verdeckter Konflikt (z.B. fehlende Gesprächsbasis, aus dem Weg gehen usw.); Konfliktpartner meiden die Konfliktaustragung; "man" spricht über den Konflikt mit Dritten, durch Gerüchte

∼∼∼∼ Koalition (Koalition ist ein Bündnis von zwei Mitgliedern gegenüber einem Dritten)

ungeklärter Kapazitäten und Prioritäten in der Produktentwicklung für die jeweiligen Produkte immer wieder belastet wird und dass nicht die beiden Personen als solche "halt einfach schwierig sind" oder nicht miteinander können und dass klare Vereinbarungen angemessenere Lösungen sind als Seminare zur Persönlichkeitsentfaltung).

- *Wichtig:*

Betonen Sie in Ihrer Einleitung, dass die Teilnehmer die Beziehungslandkarte aufgrund ihrer persönlichen Einschätzung konstruieren sollen, und weisen Sie darauf hin, dass hier nur eine Momentaufnahme von wandelnden Beziehungsmustern erstellt wird (die Beziehungsebene an sich soll hiermit vielleicht erstmals besprechbar werden, die Anregung zur Beziehungslandkarte stellt an sich bereits eine starke Intervention dar).

2.6 Die Ideal-Organisation ("Wenn ich König wäre ...")

- *Ziel:*

Die Ideal-Vorstellungen, die jedes Organisationsmitglied von "seiner" Organisation hat, werden mit dieser Übung transparent gemacht.

Die Übung kann visionäre Elemente für die Gestaltung der Organisation in der Zukunft entfalten (und auf phantasievolle Weise zum Formulieren von Veränderungszielen führen). Daneben kommen durch diese Übung auch "Lieblingsideen" von einzelnen Personen auf den Tisch, die immer wieder in den verschiedensten Phasen und unverändert hervorgebracht werden, wenn man sich nicht zu Beginn des OE-Prozesses damit auseinandersetzt. Neben dem Bild einer Ideal-Organisation ist die Übung auch aussagekräftig für persönliche Anliegen und Wünsche der Teilnehmer als Person und Gruppe. Im Anschluss an die Übung können daher Aussagen und erste Veränderungsziele für das gesamte Dreieck

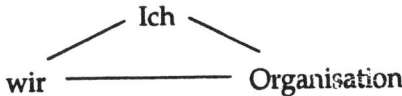

gemacht werden.

- *Anleitung für die Gruppe:*[8]

1. Viele von uns würden viele Dinge, Gegebenheiten und Abläufe in ihrer Organisation ändern, wenn sie nicht Angst hätten, die anderen würden diese Vorschläge verwerfen, schlecht finden und bekämpfen. Stellen Sie sich vor, Sie wären in Ihrer Organisation König und könnten solche Veränderungen einführen. Stellen Sie eine Liste von zehn Dingen zusammen, die Sie verändern möchten. Es wäre so, dass niemand irgendwelchen Widerstand entgegenbringen würde.

2. Spielen Sie den König in Ihrer ganzen Souveränität, der die Organisation nach seinem Gutdünken verändern könnte. Geben Sie dies laut bekannt, verkünden Sie es. Die übrigen Teilnehmer versuchen, auf Ihre Wünsche und Veränderungsvorschläge zu reagieren, sich in die Rollen der Organisationsmitglieder zu versetzen.

3. Versuchen Sie zu spüren, was mit Ihnen passiert, wie Sie reagieren. Die Teilnehmer versuchen auch, zu spüren, wie sie innerlich reagieren.

4. Erzählen Sie, wie es Ihnen als König gegangen ist: Wo fühlten Sie sich gut, wo und wie blockierten Sie sich?
   Die Teilnehmer: Wo fühlten sie sich gut, wo blockierten sie sich?

5. Folgerungen. Dann: Der nächste Teilnehmer spielt die Rolle des Königs.

2.7 Collage-Technik

- *Ziel:*

Mit Hilfe der Collage-Technik können Sie die Teilnehmer je nach Anliegen zu einem Gespräch über die gegenwärtige oder zukünftige Situation im Dreieck führen:

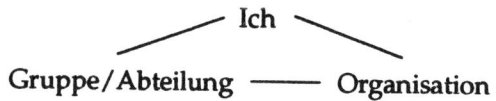

---

[8] Die Anleitung für diese Übung wurde aus FATZER, 1987, entnommen.

- *Ablauf:*

Lassen Sie die Teilnehmer in Form einer Collage ein Bild der Ist-Situation oder der Situation in drei bis fünf Jahren erstellen (es soll vorwiegend Bildmaterial verwendet werden, unterstrichen durch sparsame Zitate, Überschriften usw.).

In Kleingruppen werden zunächst die Eindrücke, Phantasien Assoziationen zu einem Bild ausgetauscht, der Urheber hält sich zurück und hört zu. Erst anschliessend teilt er mit, was ihn selbst während der Collage-Arbeit beschäftigt hat, was er mit dem Bild ausdrücken wollte.

Wenn alle Bilder der Kleingruppenteilnehmer besprochen sind, können die wichtigsten Kernaussagen, Gemeinsamkeiten und Unterschiede herausgearbeitet und dem Plenum präsentiert werden.

2.8   Unsere Organisation als Symbol

- *Ziel:*

Mit dieser Übung werden auf symbolischer Ebene sowohl Aussagen über den Ist-Zustand als auch über den Ziel-Zustand der Organisation möglich.

- *Ablauf:*

Diese Übung wird durch eine landschaftlich ruhige Umgebung erleichtert. Schicken Sie die Teilnehmer mit folgendem "Auftrag" auf einen Spaziergang: Jeder soll sich allein die Fragen stellen: Wo steht unsere Organisation/Abteilung derzeit? und: Wo wollen wir hin? Gleichzeitig soll er darauf achten, was die Umgebung ihm an Symbolen zum Beantworten dieser Fragen anbietet.

Es geht also nicht darum, für fertige Antworten im Kopf irgendeinen Gegenstand zu suchen, sondern offen und aufmerksam die Gegend zu durchstreifen bis zu jeder Frage ein Gegenstand "sich anbietet".

Betrachten Sie diese zwei Gegenstände als Geschenk für Ihre Frage und analysieren Sie nicht, warum es gerade diese zwei Dinge sind. Bringen Sie dann Ihre Symbole mit in die Gruppe zurück.

- *Auswertung:*

Je nach Teilnehmerzahl bespricht nun jeder in der Kleingruppe oder im Plenum seine Symbole:

Er beschreibt den Gegenstand – sein Aussehen, seine Eigenschaften. Er beschreibt, was er im Gegenstand erkennt (ein Holzstück kann zur Wegkreuzung, zum wilden Tier usw. werden) und erklärt dann allen, was ihm zu diesem Bild in den Sinn kommt.

Jemand aus der Gruppe schreibt mit, damit keine Beiträge verloren gehen. Unterstützen Sie den Teilnehmer mit Fragen: Was sehen Sie sonst noch im Symbol? Drehen Sie den Gegenstand um, was sehen Sie nun?

Lassen Sie dem Teilnehmer Zeit, in die auftauchenden Bilder hineinzugehen und sie möglichst umfassend zu beschreiben: Welche Bedeutung hat das Bild? Welche Gefühle erweckt es in mir? Welche Eigenschaften hat es oder würde ich ihm zuschreiben? ... Gehen Sie anschliessend mit dem zweiten Symbol zur Zukunft der Organisation gleich vor.

Wichtig auch bei dieser Übung ist das Auswertungsgespräch: Welche Botschaften und Informationen sind in unseren Bildern über die gegenwärtige und zukünftige Situation der Organisation erhalten? Was heisst es zum Beispiel, wenn im Zukunftsbild der Organisation ein würgendes Ungeheuer auftaucht? – Was nimmt mir die Luft, was macht mir Angst in der Organisation oder welche Einflüsse aus dem Umwelt bedrängen die Organisation insgesamt?

2.9   Die Situationslandkarte

- *Ziel:*

Mit Hilfe der Moderationstechnik kann in kurzer Zeit ein facettenreiches Gesamtbild der aktuellen Situation aus der Sicht der Teilnehmer hergestellt werden.

Diesem Schritt, in dem vorhandene Stärken und Entwicklungsfelder breit aufgefächert werden, kommt im Rahmen der Situationsklärung grosse Bedeutung zu: Wenn im OE-Prozess nicht genügend Zeit dafür eingeplant wird, das gesamte Meinungsspektrum der Betroffenen zu erfassen, ist die Gefahr des Verzettelns und Hängenbleibens an einzelnen Themen bei Vernachlässigung der Wechselwirkungen und des Gesamtzusammenhangs hoch.

- *Material:*

Moderationsausrüstung.

Phase der Situationsklärung

- *Ablauf:*

Mit einer Einstiegsfrage stimmen Sie die Teilnehmer ein, zum Beispiel "Welches Gefühl haben Sie, wenn Sie an die derzeitige Situation in Ihrer Organisation (Gruppe, Abteilung usw.) denken?" Lassen Sie die Teilnehmer auf einer vorbereiteten Pinwand punkten:

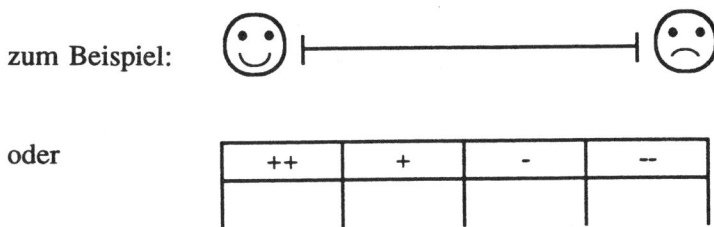

Fragen Sie anschliessend, was es bedeuten könnte, wenn jemand in einem bestimmten Feld punktet und visualisieren Sie die Antworten (fragen Sie jedoch die gesamte Gruppe nach möglichen Gründen, fordern Sie nicht von einzelnen Teilnehmern eine "Rechtfertigung" für ihre Bepunktung!).

Im nächsten Schritt machen Sie eine Kartenabfrage: "Was erlebe ich derzeit in der Arbeit und für den Erfolg unseres Unternehmens/unserer Abteilung/... als förderlich, was als hinderlich?"
Bilden Sie anschliessend gemeinsam mit der Gruppe Blöcke von zusammengehörigen Aussagen und finden Sie Überschriften zu den Blöcken.

Statt der Frage nach förderlichen/hinderlichen Faktoren ist auch die Frage nach Stärken und Schwächen der Organisation möglich.
In beiden Fällen interpretieren einige Teilnehmer möglicherweise etwas als förderlich bzw. als Stärke, was anderen als hinderlich bzw. Schwäche erscheint. Hier ist es wichtig, dass Sie als Berater die Diskussion auf zugrundeliegende Annahmen, Informationen und Bilder lenken, auf denen die Zuordnungen beruhen.

Die Frage nach hinderlichen Faktoren oder Schwächen fördert Problembeschreibungen und Schwierigkeiten zutage, was oftmals mit einem Energieabfall verbunden ist, wenn die Diskussion in diesem Punkt zu lange "verhängt".

Je nach situativer Einschätzung, ob ein Bewusstsein und Betroffenheit für notwendige Veränderungen überhaupt erst geschaffen werden soll oder ob ein Muster der Beteiligten gerade darin besteht, nur den Berg von Problemen, aber nicht das Funktionierende zu sehen, steuert hier der Berater durch entsprechende Fragestellung. Weitere Varianten wären beispielsweise, die Stärken und die zu klärenden

Fragen herausarbeiten zu lassen oder Zukunftsszenarien zu entwickeln unter dem Motto: "Angenommen, es läuft alles weiter wie bisher, was haben wir dann in fünf Jahren erreicht, wie wird unsere Organisation dann funktionieren?"

- *Anregung:*

Aktuelle Erlebnisse werden bei solchen Abfragen leicht übergewichtig, weil sie am stärksten beschäftigen. Um möglichst verschiedene Aspekte in die Überlegungen mit einfliessen zu lassen, sollten vor dem Erstellen dieser Situationslandkarte in kurzer, übersichtlicher Form die sieben Wesenselemente einer Organisation (beschrieben auf S. 47 ff.) präsentiert oder mit der Gruppe gemeinsam Felder/Themenbereiche gesammelt werden, an die in der Bearbeitung der Frage gedacht werden sollte. Dadurch steigt die Wahrscheinlichkeit, dass Aussagen zu allen relevanten Elementen der Organisation kommen bzw. wird es in der nachfolgenden "Löcheranalyse" interessant, was nicht im Blickfeld der Teilnehmer lag und auf welche blinden Flecken, Selbstverständlichkeiten oder Tabus dies möglicherweise verweist.

Im Anschluss an eine Situationslandkarte werden in der Regel Veränderungsziele erarbeitet (s. S. 141 f.)

2.10 Die Lebenslinie der Organisation

- *Ziel:*

Die Beteiligten setzen sich mit der Vergangenheit, den Wurzeln der Organisation auseinander, erhöhen das Verständnis für die aktuelle Situation und entwickeln Zukunftsperspektiven.

- *Material:*

Papier und Stifte.

- *Ablauf:*

Lassen Sie die Teilnehmer zuerst einzeln die Lebenslinie der Organisation(seinheit) aufzeichnen und diskutieren Sie dann gemeinsam über Unterschiede, wichtige Wendepunkte, kritische/bedeutsame Ereignisse, zukunftsbezogene Annahmen usw.

Phase der Situationsklärung

- *Vorschlag für eine Arbeitsunterlage zur individuellen Bearbeitung durch die Teilnehmer:*

1. Zeichnen Sie zwei Linien; mit der einen Linie charakterisieren Sie (symbolisch) die Dynamik der Entwicklung Ihrer Gruppe/Organisation/Abteilung während der letzten sieben bis zehn Jahre: Die Linie kann gerade, schräg, gebogen, gewellt sein, gerade so, wie Sie es für richtig halten. Es kommt dabei nicht auf irgendeine Objektivität an, sondern darauf, wie Sie selbst die bisherige Entwicklung und die Zukunft wahrnehmen.

zum Beispiel:

Mit der anderen Linie symbolisieren Sie die eigene Entwicklung, die Sie in diesem Zeitraum durchgemacht haben:

zum Beispiel:

2. Vermerken Sie auf dieser Linie in Stichworten, was für Sie einschneidende Erfahrungen gewesen sind und benennen Sie den Zeitraum oder Zeitpunkt.

3. Geben Sie für jedes wichtige Erlebnis oder Ereignis an
   - was dies damals für Sie bedeutet hat;
   - was es jetzt für Sie bedeutet.

4. Können Sie darin eine bestimmte Tendenz oder Logik erkennen? Was sagen Ihnen diese Linien über die Gruppe/Organisation/Abteilung und über Sie selbst aus?

5. Wie stellen Sie sich Ihre persönliche Zukunft vor?
6. Wie stellen Sie sich die Zukunft Ihrer Organisation vor?
7. Ist die Zukunftsbetrachtung eher eine Verlängerung des bisherigen Lebens?
8. Was wären notwendige Schritte, damit die Prognose mit hoher Wahrscheinlichkeit eintritt oder nicht?

2.11 Die Systemdarstellung mit Holzfiguren

- *Ziel:*

Die Teilnehmer erarbeiten ein Bild der gegenwärtigen Situation ihres Unternehmens(bereiches) und können probeweise Veränderungen und deren Konsequenzen ausprobieren.

- *Material:*

Holzfiguren in unterschiedlichen Formen und Grössen.

- *Ablauf:*

In Einzelarbeit stellt zunächst jeder Teilnehmer für sich mit den Holzfiguren sein Bild der derzeitigen Situation dar, indem er die unterschiedlichen Grössen, Formen und Distanzen in der Darstellung für Differenzierungen nützt. Wichtig ist der Hinweis, dass nicht die formale, offizielle Organisationsstruktur dargestellt werden soll (Organigramm), sondern jene Sicht, die dem subjektiven Erleben des Teilnehmers entspricht.Grössere oder weniger bedeutende, nur am Rande beeinflussende Personengruppen können durch eine einzelne Holzfigur repräsentiert werden. Ebenso können aber auch wichtige Tendenzen im System durch die Holzfiguren differenziert dargestellt werden (z.B. eine grosse, zentrale Figur für die Bedeutung des Kostendenkens oder eine kleine, eher am Rande stehende für die Risiko- und Experimentierfreude im System).

Ergänzt werden kann die Darstellung entweder durch das Einzeichnen der Beziehungslandkarte (s. S. 131 f.) oder durch das symbolische Ausmalen des "Geländes" mit Wachskreiden.

In der Darstellung sollen zunächst keine Funktionsbezeichnungen oder Namen eingetragen werden, um die anderen Teilnehmer zu eigenen Interpretationen und Phantasien über das Dargestellte anzuregen.

- *Auswertung:*

Die Darstellungen werden nacheinander im folgenden Dreierschritt bearbeitet:
- Betrachtung einer Darstellung und Austauschen von Wahrnehmungen, Assoziationen, Gefühlen usw. (der Darsteller schweigt in dieser Phase, der Berater achtet auf Trennung zwischen den Ebenen Wahrnehmen – Interpretieren – Bewerten).

- Der Darsteller schildert die Situation aus seiner Sicht, wobei nicht wichtig ist, wie "richtig" die anderen Teilnehmer seine Darstellung interpretiert haben, weil ihre Assoziationen und Beiträge auch aus der Kenntnis der gemeinsamen Situation entspringen und Bereicherungen darstellen. In dieser Phase können auch Beziehungen und Positionen verändert und Konsequenzen ausprobiert werden (wobei es wichtig ist, Veränderungen in der Darstellung vorzunehmen, d.h. die Position einzelner Figuren zueinander zu verändern und daraus resultierende/vermutete Veränderungen ebenfalls tatsächlich abzubilden statt darüber zu sprechen). Die zentralen Themen und Fragen werden gemeinsam festgehalten.

- Nachdem reihum alle Darstellungen betrachtet wurden, werden im nächsten Schritt Gemeinsamkeiten, Unterschiede, zentrale Themen, Fragen und/oder Veränderungsziele durch die Teilnehmer formuliert.

2.12 Erarbeiten von Veränderungszielen, Schwerpunkten und ersten Massnahmen

- *Ziel:*

Nach der Auseinandersetzung mit der Ist-Situation und möglichen Entwicklungen geht es in diesem nächsten Schritt darum, daraus abgeleitete Veränderungsziele möglichst konkret zu formulieren.

- *Material:*

Moderationsausrüstung.

- *Ablauf:*

Allein oder in Kleingruppen formulieren die Teilnehmer Veränderungsziele, indem sie den Satz "Wie können wir erreichen, dass ..." vervollständigen.

Verweisen Sie vor Arbeitsbeginn darauf, dass die Veränderungsziele positiv formuliert sein sollten, also ohne Verneinung (negativ formulierte Ziele geben lediglich an, was oder wie etwas nicht mehr sein soll, sie sind jedoch sehr vage in bezug auf den tatsächlichen Zielzustand und in dieser Form zu offen für konkrete Massnahmen und Zwischenziele). Zum zweiten ist darauf hinzuweisen, dass sich Veränderungsziele auf unterschiedliche Ebenen beziehen sollen; also auf operative, kurzfristige Themen, auf strategische, strukturelle und auf normative, grundsätzliche Themen.

Ziele können in unterschiedlichen Graden der Konkretheit formuliert sein und ein Beispiel verdeutlicht den Teilnehmern, auf eine angemessenes und hilfreiches Mass von Konkretheit oder Verallgemeinerung zu achten (damit in der Bearbeitungsphase weder ein "Verzetteln" in Einzelthemen erfolgt noch alle Ziele in einem einzigen, schier unbearbeitbaren zusammengefasst sind).

Zum Beispiel: Wie können wir erreichen, dass ...

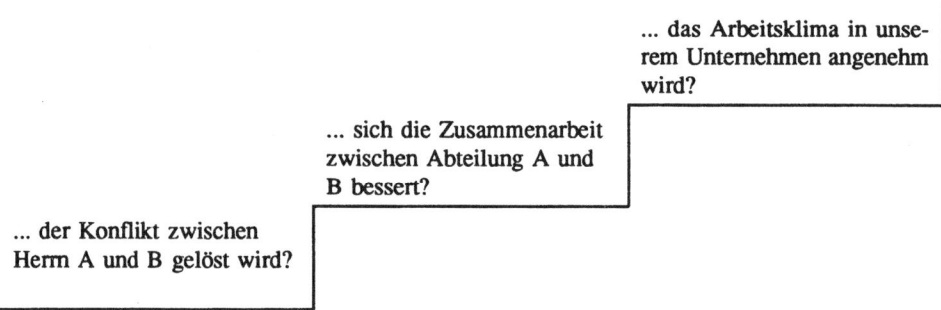

Die Vereinbarung von Schwerpunkten geschieht in Abstimmung mit den zuständigen Führungskräften – je nachdem, ob diese während der Klausur selbst anwesend sind und je nach verfügbarer Zeit können bereits in der Situationsklärung Kriterien erarbeitet und vereinbart werden, nach denen die Veränderungsziele gewichtet werden sollen (z.B. eine Mischung aus dringenden, leicht bearbeitbaren und besonders weitreichenden Zielen) und es kann die Bewertung im Anschluss gleich durchgeführt werden. Die Erfahrung spricht aber auch dafür, diese Ziele quasi nochmals zu "überschlafen" und die Bewertung von der Formulierung zeitlich zu trennen.

In der Regel entstehen in diesem Prozess zu einzelnen Themen sehr rasch –"nebenbei" – unmittelbar durchführbare Massnahmen bzw. können solche am Ende der Klausur noch erarbeitet werden. Dies macht die Situationsklärungsklausur in sich zu einer runden Gestalt und weckt Hoffnungen für die weiteren Schritte.

2.13 Zwischenstop

Sie haben nun mit allen ausgewählten Personen in einer oder mehreren Klausuren Veränderungsziele erarbeitet und diese protokolliert.

Was ist noch zu klären, bevor im nächsten Schritt diese Ziele dem Management zur Auswahl und Ergänzung präsentiert werden?

offene Fragen	mit wem zu klären?	Ergebnisse

3. Phase der Zielfindung (Zielauswahl und -entscheidung)

3.1 Ausgangssituation und Zielsetzung

In einer oder mehreren Situationsklärungsklausuren sind Veränderungsziele erarbeitet worden. Auf dieser Grundlage sollen nun in Abstimmung mit dem formalen Management jene Entwicklungsschwerpunkte bestimmt werden, die im weiteren Prozess mit Priorität bearbeitet werden sollen; der OE-Prozess soll also bis zur neuerlichen Standortbestimmung die spezifische Richtung bekommen.

Wir haben bereits kurz darauf hingewiesen, dass – besonders in Kleinbetrieben oder bei kleinen ausdifferenzierten Systemen für den OE-Prozess – die Phase der Zielfindung verkürzt abläuft und bereits Bestandteil der Situationsklärung ist.

Andernfalls (und in jedem Fall vom Prozessverständnis her) ist die Phase der Zielfindung eine eigene Einheit im OE-Prozess, an der das formale Management des Systems, die interne Projektleitung und der Entwicklungsberater beteiligt sind. Die Phase der Zielauswahl kann im konkreten Fall mehrere Schritte umfassen, sie kann in einer gesonderten Klausur stattfinden oder relativ knapp in einem Gespräch.

Das "Tempo" wird auch hier bestimmt durch die Möglichkeiten und Besonderheiten der Organisation und deren Mitglieder – und nicht durch die Ungeduld oder den Erfolgszwang der externen oder internen Projektleitung.

3.2 Aufgaben des Managements in dieser Phase

Es obliegt generell dem zuständigen Management, über die Veränderungsziele und damit auch Themen der künftigen Teilprojekte zu entscheiden. Dies ist eine Schlüsselstelle für die Verankerung und Relevanz des OE-Prozesses in der bestehenden Organisationsstruktur und Indikator für eine aktive Mitwirkung seitens des Managements ("Gewähren lassen ist zu wenig!").

Neben einer Bestätigung der Ziele aus der Situationsklärung, die vorwiegend aus der Sicht der Mitarbeiter formuliert wurden bzw. wo Führungskräfte als Team-Mitglieder mitwirkten, liegt die eigentliche Aufgabe des Managements darin, die formulierten Ziele hinsichtlich der strategischen Bedeutung für die Organisation zu prüfen und gegebenenfalls aus dieser Perspektive zu ergänzen:

Ebenso wie es im laufenden Geschäft zu den Aufgaben des (Top-)Managements gehört, jene Informationen zu verarbeiten, die über das gegenwärtige Geschäft hinausgehen und zu diesem Zweck Kontakte zu einer weit gefassten Umwelt zu unterhalten und die strategische Richtung festzulegen, gilt es in dieser Phase, auch den Kurs des OE-Prozesses aufgrund der mittel- und langfristigen Erfordernisse für die Lebensfähigkeit der Organisation zu steuern.

3.3 Die Vorgangsweise

1. Herstellen eines gemeinsamen Informationsstandes

- Was geschah bisher?
- Was sind die wichtigsten Erkenntnisse aus der Situationsklärungsphase?
- Wie lauten die formulierten Veränderungsziele?

2. Erarbeiten einer Entscheidungsbasis für die Entwicklungsschwerpunkte und die Bereitschaft seitens des Managements, den OE-Prozess mitzutragen

Vertiefung und Verdichtung der Ziele: Die erarbeiteten Veränderungsziele werden mit der folgenden Struktur weiter konkretisiert und verdichtet[9]:

Veränderungsziel:	Wir wollen weg von ...	Wir wollen hin zu ...

- *Einige Beispiele dazu:*
- Als Veränderungsziel wurde "Sortimentbereinigung" formuliert, das kann ergeben: Wir wollen weg von einem Buchladenprogramm – Wir wollen hin zu einer Spezialproduktpalette.

---

[9] In Anlehnung an GLASL, "Ein Leitbild verdichtet sich", in: TRIGON-THEMEN 1/87, 5 ff.

- Das Veränderungsziel lautet: Beziehung zwischen Abteilungsleiter A und B klären: Wir wollen weg von nicht abgestimmten Entscheidungen und unklaren Kompetenzen – Wir wollen hin zu einer Einheit nach aussen und klarer Stellvertreterregelung.
- Veränderungsziel: Stellenbesetzung. Wir wollen weg von Versetzung per Zufall – Wir wollen hin zu Stellenbeschreibungen, Anforderungsprofilen und Berücksichtigung von persönlicher Eignung und Interesse.

GLASL nennt die Aussagen links das Schattenbild, von dem wir uns entfernen wollen: So war es bisher, davon aber wollen wir uns wegbewegen – dies macht "Schubkraft" für den Prozess frei.

Die Aussagen zum Zielbild erzeugen "Sogkraft" – beide Kräfte sind notwendig im Prozess, weil wir für etwas Neues etwas Altes aufgeben müssen. Falls sich noch nicht klar zeigt, wo die Veränderung hinführen soll/wird, können die Betroffenen durch das Schattenbild das Alte verlernen und Abstand gewinnen.

GLASL weist auch auf eine Gefahr hin, der man bei dieser Gelegenheit begegnen kann: Die Führungskräfte, die nun die Entscheidung über Veränderungsziele zu treffen haben, waren in den bisherigen Situationen meist massgeblich aktiv, sie haben die Verhältnisse zum Teil mitgestaltet, von denen sie sich jetzt distanzieren sollen. Sie werden sich dagegen wehren, dass nun dies alles schlecht gewesen sein soll und sich vielleicht persönlich angegriffen fühlen und den Veränderungen mit Widerstand begegnen – wenn die Vergangenheit und ihr Beitrag nicht auch anerkennend und mit Respekt kommentiert werden und wenn das Pendel einseitig in Richtung "Neues" und "Veränderung" ausschlägt.

Die Bearbeitung der Frage "Was am Bisherigen ist gut/wichtig und sollte in jedem Fall beibehalten/gesichert werden?" schafft den nötigen stabilisierenden Gegenpol zu den systemverändernden Kräften.

- *Kriterien für die Entscheidung – Der Papiercomputer*

Zur Entscheidung und Auswahl der Veränderungsziele müssen Kriterien gemeinsam erarbeitet werden – ein Prozessschritt, in dem wichtige Annahmen, Interessen und Werte öffentlich werden und ausgetauscht werden können.

Hilfreiches Instrument hierzu kann der Papiercomputer von Frederick Vester sein, der eine systemisch-vernetzte Betrachtungsweise der Veränderungsziele fördert und Wirkungsweise und Reichweite der Ziele differenziert.

- Dafür werden, wie beispielhaft gezeigt, in einem Raster zunächst alle Ziele sowohl horizontal als auch vertikal eingetragen.
- Für jedes Ziel wird dessen Wirkung auf jedes andere Ziel nach dem folgenden Schlüssel eingeschätzt:

  0 = keine Wirkung   2 = mittlere Wirkung
  1 = schwache Wirkung   3 = starke Wirkung

  (zunächst einzeln, im nächsten Schritt wird nach einer gemeinsamen Einschätzung gesucht – eine diskussionsintensive Phase, in der es wiederum nicht um die "Richtigkeit" geht, sondern in der der Austausch unterschiedlicher Standpunkte und die wachsende Bewusstheit für die Vernetztheit der Ziele wesentlich sind).
- Die Ziele mit aktiver, passiver, kritischer und puffernder Wirkung werden "errechnet":
  · Aktive Wirkung: Diese Ziele beeinflussen andere Ziele stark, werden selbst aber nur schwach oder überhaupt nicht beeinflusst.
  · Passive Wirkung: Diese Ziele werden stark von anderen Zielen beeinflusst, üben selbst jedoch nur schwache oder keine Beeinflussung aus.
  · Kritische Wirkung: Diese Ziele beeinflussen andere Ziele stark und werden selbst stark beeinflusst.
  · Puffernde Wirkung: Diese Ziele beeinflussen weder andere Ziele nennenswert, noch werden sie nennenswert beeinflusst.

Die Errechnung für jedes Ziel erfolgt durch die Dividierung der Aktivsumme (AS) durch die Passivsumme (PS), wobei aktive Ziele einen *hohen* Quotienten (Q), passive Ziele einen *niedrigen* Quotienten haben.

Kritische und puffernde Ziele werden aus der Multiplikation der Aktivsumme eines Zieles mit der Passivsumme desselben Zieles errechnet, also AS mal PS, wobei kritische Ziele ein *hohes* Produkt, puffernde Ziele ein *niedriges* Produkt haben.

Wirkung von → auf ↓		Ziele	z.B. A	B	C	D	E	F		AS	Q
A	Strat. Planung								A		
B	PE								B		
C	Mitarbeiterführung								C		
D	Konflikt Abt. X								D		
E	Organisationsstruktur								E		
F	Marketing und Verkauf								F		
			A	B	C	D	E	F		AS	Q
		PS							PS		
		P							P		

Daneben ergeben sich weitere Entscheidungskriterien im Einzelfall aus dem Prozess, wie beispielsweise:

- Bevorzugung von Veränderungszielen, die sich auf eher abgegrenzte Einheiten/Themen beziehen, damit in überschaubarem Rahmen erste Erfahrungen mit OE gesammelt werden können
- geschätzter Aufwand und Kosten der geplanten Veränderungen
- voraussichtlicher Zeitraum, bis Veränderung wirksam wird
- Auswahl von Zielen mit vorwiegend interner oder externer Wirkung (auf Qualitätsverbesserung der Leistungen oder Verbesserung der Lieferfähigkeit, auf die Zusammenarbeit und das Arbeitsklima, auf die Konkurrenzfähigkeit usw.)
- Ziele, die langfristig die Existenz der Organisation sichern.

Grundsätzlich ist es bei der Auswahl von Zielen hilfreich, auf deren unterschiedliche Komplexität und Reichweite zu achten:

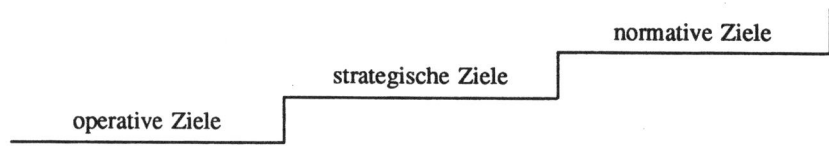

Normative Ziele wie beispielsweise die Erarbeitung eines Leitbildes, bei denen an Werten (Normen) der Organisation gearbeitet wird, sollen langfristige, dauerhafte Veränderungen bewirken. Solche Veränderungen, die sich auf Traditionen, Kulturen, Einstellungen, Verhaltensroutinen usw. erstrecken, brauchen relativ viel Zeit, bis Auswirkungen sichtbar und erlebbar werden – das kann jedoch sowohl für die am Projekt unmittelbar Beteiligten als auch für das zuständige Management unbefriedigend sein und Probleme mit sich bringen (fehlender Motivationsschub, vorerst wenig Erfolgserlebnisse/Erfolgs- und Legitimationsdruck von "oben", Ferne des OE-Prozesses von relevanten Alltagsfragen usw.).

Wird auch an operativen, kurzfristigen und meist auch überschaubaren Zielen gearbeitet, fördert dies die Verankerung des OE-Prozesses mit den Alltagsanforderungen und -problemen und es werden relativ rasch Erfolge sichtbar, die ihrerseits Motivation und Selbstvertrauen auch für schwierigere Themen schaffen.

3.3.3 Entscheidung über die Schwerpunkte und Absicherung im formalen Management

- Mit Hilfe dieser Entscheidungsgrundlagen werden die Schwerpunkte definitiv vereinbart und die adäquate Bearbeitungsform festgelegt: Nicht jedes Veränderungsziel erfordert zur Bearbeitung eine Projektstruktur. In einem OE-Prozess ergeben sich regelmässig Themen, die in die Zuständigkeit bestehender Funktionen fallen und von diesen Mitarbeitern/Führungskräften im Rahmen ihrer gegebenen Tätigkeit aufzugreifen und zu bearbeiten sind. Dies ist ebenso zu klären wie die Möglichkeit, dass jemand ein Veränderungsziel, das ihm ein Anliegen ist, zur Bearbeitung allein übernimmt.

- Es ist zu klären, was das Management seinerseits zur Unterstützung des Prozesses benötigt und tun kann: Dazu gehören vereinbarte Informations- und Entscheidungsstrukturen sowie Zwischenberichte und die Klärung der Rolle von internem und gegebenenfalls externem Berater und Projektleiter und das Verweisen auf die Bedeutung des OE-Prozesses bei wichtigen Anlässen (internes Marketing des OE-Prozesses).

- Die für die weiteren Schritte benötigten Ressourcen werden abgeschätzt und vereinbart: Zeit, teilweise Freistellung für die interne Projektleitung und Projektmitarbeiter und Klären der Stellvertretung, finanzielle Rahmenbedingungen beispielsweise für externe Beratungsleistungen usw.

- Es wird abgeklärt, wer gegebenenfalls in der Entwicklungsgruppe als Steuerungselement des OE-Prozesses mitwirken kann/soll bzw. nach welchen Kriterien die Mitglieder ausgewählt werden sollen und – sofern noch nicht geschehen – wird die interne Projektleitung vereinbart.

3.4 Einige Anregungen zur Vorbereitung der Gespräche/Klausur mit dem Management

- *Fragen, die Sie vor dem Gespräch oder einer Klausur mit den Führungskräften klären sollten:*
  - Welche Personen der Unternehmensleitung und welche Führungskräfte sind in die Entscheidung über Themenschwerpunkte und damit Teilprojekte für den OE-Prozess einzubeziehen?

  _____

  _____

  _____

  - Was soll durch das Gespräch oder die Zielfindungsklausur erreicht werden?

Ziele:	Erreiche ich durch:
zum Beispiel: - vor allem weitere Einsicht wecken dafür, dass der Beitrag der Führungskräfte zum Gelingen des Prozesses über ein Gewähren-lassen hinaus notwendig ist - die Akzeptanz unbequemer Veränderungsziele fordern, von denen möglicherweise auch die Führungskräfte selbst betroffen sind - Zuversicht erzeugen, dass die eigenen Erfahrungen der Mitarbeiter genützt werden sollen und können und Probleme nicht an Aussenstehende delegiert werden können - ...	

Phase der Zielfindung (Zielauswahl und -entscheidung)

- Was brauche(n) ich/wir für den Prozess von der Geschäftsleitung?

Was brauche ich?	Erreiche ich durch:
zum Beispiel: - ausreichend Zeit - klare Kompetenzen - klare Vereinbarungen bezüglich ... - ...	

- Vorschlag für eine Klausur zur Auswahl von Veränderungszielen:

Ablauf	Vorschläge, Tips
Begrüssung und Information über bisherige Prozessschritte	
Den persönlichen Bezug für die anwesenden Führungskräfte herstellen	zum Beispiel: - "Was ist aus meiner Sicht im Prozess bisher gut/weniger gut gelaufen?" - "Welche förderlichen/hinderlichen Faktoren erlebe ich bei meiner Arbeit?" - "Was möchte ich heute erreichen?" - "Welches Gefühl habe ich hier und jetzt in dieser Gruppe/in dieser Situation?"
	Dann: Austausch in Kleingruppen, Plakate erstellen und der gesamten Gruppe präsentieren
Den roten Faden für das Treffen (die Klausur) und Regeln für das Arbeiten in Gruppen präsentieren und vereinbaren	
Die Themenliste der Veränderungsziele aus der Situationsklärung präsentieren (bei mehreren Klausuren vorher nach Schwerpunkten ordnen und zusammenfassen) und ergänzen aus der Sicht des Managements	
Kriterien für priorisierte Themen (Veränderungsziele) diskutieren und erarbeiten	Hilfreich kann der Hinweis auf verschiedene Wirkungsweisen und Reichweiten von Veränderungen in einem System sein (s. S. 146 f.)

Veränderungsziele nach den Kriterien gewichten (punkten) = Themen für den OE-Prozess der nächsten Zeit	
In die Themenbearbeitung einführen und in Kleingruppen bearbeiten, eventuell bereits erste Vorschläge für weitere Vorgangsweisen zum Erreichen der Veränderungsziele einholen	Nicht alle Veränderungsziele werden zu Teilprojekten führen – ist ein Ziel beispielsweise das Fördern der Kooperations- und Teamfähigkeit, kann dies in jedem Projektschritt durch die Art der Prozessgestaltung geübt werden
Präsentation der Steuerungsstruktur des OE-Prozesses und der Aufgaben des Entwicklungsteams diskutieren, offene Fragen klären	
Vorschläge für die Besetzung der Entwicklungsgruppe einholen	
Persönliche Massnahmen erarbeiten	
Weitere Schritte klären	Wer übernimmt Gespräche mit vorgeschlagenen Mitgliedern der Entwicklungsgruppe? Wann/mit wem fällt die Entscheidung über die Besetzung? Für welche Schritte ist unter Umständen die Unterstützung durch einen externen Partner erforderlich?
Ausblick: - Entwicklungsgruppe konstituieren - Gesamtsystem (alle vom Projekt betroffenen Mitarbeiter) informieren - je nach Thema Bearbeitung allein, in Kleingruppen oder im Gesamtsystem - regelmässige Sitzungen der Entwicklungsgruppe	

3.5 Zielbestimmung in komplexen Systemen und Lernen im Prozess

Aus mehreren Gründen hat der Prozess der Zielfindung und -auswahl selbst grosse Bedeutung für den weiteren Verlauf und die Wirksamkeit des OE-Prozesses:

- Diese Phase wird zum Prüfstand der Arbeits- und Diskursfähigkeit insbesondere von Managementteams, damit die Auseinandersetzung mit unterschiedlichen Vorstellungen auch in schwierigen Situationen lebendig bleibt und nicht

in faulen Kompromissen, zu wenig durchdachten Zielen und Konsequenzen oder verdeckten Machtstrategien zur Durchsetzung von Einzelinteressen steckenbleibt.
Beratungserfahrungen zeigen, dass der Prozess bis zur Vereinbarung gemeinsam getragener Ziele und Prioritäten oftmals die grösste Hürde für die Beteiligten darstellt, der gegenüber die anschliessende Bearbeitung der Teilthemen sich überraschend leicht anlässt (andernfalls sind in späteren Phasen immer wieder grundlegende Dinge zu klären, Annahmen und Entscheidungen werden von neuem in Frage gestellt, die voreilige Zielvereinbarung muss während und an der Bearbeitung von Lösungen "nachgeholt" werden).

- Gelingt es nicht oder wird es vermieden, aus der vorhandenen Fülle von Symptomen, Wünschen, wichtigen und sich wichtig machenden Problemen zentrale Ziele zu formulieren, erschöpft sich der Entwicklungsprozess womöglich in einem "Reparaturdienstverhalten" (wo die Entwicklungsgruppe in der Folge zum – konzeptlosen – Kümmerer für viele kleine Probleme wird) oder in Folgelosigkeit der Aktivitäten (hektischer Stillstand). Die Arbeit an relevanten Zielen ist etwas qualitativ anderes als die Abarbeitung von Problemen!

Dieter DÖRNER bringt in seinem Buch "Die Logik des Misslingens" eine Fülle von Beispielen über Stolpersteine und Fehlhandlungen bei der Zielbildung in komplexen Situationen. Darin findet sich auch die folgende verhängnisvolle Kette:

"Die mangelnde Dekomposition eines Komplexziels führt zunächst zu Unsicherheit! Man weiss "irgendwie" gar nicht, was man eigentlich soll. Daher begibt man sich dann auf die Suche nach Problemen. Hat man welche gefunden, so steht als nächstes die Überlegung an, welches der Probleme man denn nun als erstes angehen sollte? Man muss Schwerpunkte bilden. Hat man für die Schwerpunktbildung keine Kriterien, die sich auf die Struktur des Systems beziehen, so wählt man eben die auffälligsten. Oder die, für die man die Lösungsmethoden kennt! Das führt dann fast notwendigerweise zur Lösung der falschen Probleme und auf jeden Fall zum "Ad-hocismus"; zum Lösen nur der gegenwärtig vorhandenen Probleme. Das wiederum merkt man; die Unsicherheit verstärkt sich. Wie rettet man sich daraus? Indem man sich in einem Problembereich einkapselt; möglichst in einem solchen, der einerseits Anforderungen stellt und andererseits Erfolgserlebnisse bietet."[10]

---

[10] DÖRNER, 1989, 93 f.

Wichtig in dieser Phase ist auch der Lernprozess der Abstimmung zwischen OE-Prozess-Steuerung und Managementfunktion:

- Gelingt es, die Grenzen zwischen Aufgaben und Zuständigkeit der Projektleitung des OE-Prozesses und Aufgaben des formalen Managements klar und flexibel zu handhaben?
- Wie funktions- und kooperationsfähig zeigt sich das Management in dieser Phase?
- Ist allen Beteiligten deutlich, welche Aufgaben, Fragen und Informationen durch das Projektteam selbst verarbeitet/entschieden werden und welche vom Management der Organisation zu entscheiden sind?

Dieser Lernprozess fordert die Projektleitung, das Top-Management und alle am Prozess Beteiligten.

3.6 Zwischenstop

Welche Teilprojekte haben sich bei der Entscheidung durch Führungskräfte und die Unternehmensleitung ergeben?

Titel des Projekts	*Welche Mitarbeiter sind davon betroffen/ stehen als Mitglieder des Teilprojekts fest?*

Welche Ziele sollen in anderer Weise bearbeitet werden und durch wen?

_____

_____

_____

_____

Phase der Zielfindung (Zielauswahl und -entscheidung) 155

Welche Fragen sind noch offen, was ist noch zu erledigen, bevor die Steuerungsstruktur des OE-Prozesses auf breiterer Basis installiert werden kann?

Thema	*Bemerkung*

4. Installieren der Steuerungsstruktur

Ebenso wie die Steuerung der Organisation selbst erfordert auch die Steuerung und Gestaltung des OE-Prozesses eine verbindliche, klare Struktur. Die Ausführungen zur Strukturdeterminiertheit als Wesensmerkmal sozialer Systeme (s. S. 38 ff.) sollten die zentrale Bedeutung von Strukturen für die Handlungsmöglichkeiten und Begrenzungen eines Systems deutlich gemacht haben. Wird der OE-Prozess nicht ausreichend strukturell abgesichert, besteht die Gefahr, dass trotz hohen Engagements einzelner Personen Veränderungen punktuell, widerrufbar und fragmentarisch bleiben und dass über die Bearbeitung einzelner Veränderungsziele hinaus die Problemlösungs- und Entwicklungsfähigkeit nicht dauerhaft gefördert wird.

Für den OE-Prozess ist daher eine adäquate Steuerungsstruktur wichtig, die Flexibilität, Lern- und Entwicklungsmöglichkeiten fördert.

4.1 Kriterien für eine Steuerungsstruktur des OE-Prozesses

Die Struktur des OE-Prozesses soll die Systemveränderung und Entwicklung fördern, die Möglichkeiten der bestehenden Organisationsstruktur erweitern und potentiellen Gefahren und Schwächen der bestehenden Struktur entgegenwirken.

Die herkömmlichen hierarchiebetonten Steuerungsstrukturen von Organisationen haben vor allem Stabilisierung und Erhaltung zum Ziel. Gefahren für die langfristige Lebensfähigkeit von Organisationen können sich daraus ergeben,

- dass Organisationen es aufgrund bestehender – in der Vergangenheit erfolgreicher – Programme und Erfahrungen vernachlässigen, weiterzulernen und Erfahrungen zu überprüfen,
- dass standardisierte Abläufe die Trägheit der Organisation unterstützen und sie unbeweglich machen,
- dass erprobte Verhaltensprogramme Organisationen dazu verleiten, wichtige Veränderungen zu übersehen und sich an etablierte Ideologien und Weltbilder zu klammern,
- dass Abweichungen innerhalb von Toleranzgrenzen als irrelevant angesehen werden – in der Folge laufen Programme häufig den Situationen, für die sie entwickelt wurden, hinterher.[11]

---

[11] Diese Merkmale sind aus einem Aufsatz von HEDBERG übernommen, in HINTERHUBER/ LASKE, 1984, 17.

Die Struktur des OE-Prozesses soll die Struktur der Organisation ergänzen, nicht ersetzen.

Der Organisationsentwicklungsprozess wird strukturell durch eine Projektform in die Organisation integriert und gleichzeitig ausreichend vom Organisationsalltag und der Organisationshierarchie differenziert.

Wie jedes wirksame Projekt steht der OE-Prozess in einem dauernden Spannungsverhältnis mit der bestehenden Organisationsstruktur: Einerseits ins Leben gerufen, um Entwicklungen zu ermöglichen, die innerhalb der bestehenden Organisation nicht möglich wären, stellt er andererseits, gerade wenn sich wesentliche Veränderungen durch den OE-Prozess abzuzeichnen beginnen, auch eine (latente) Bedrohung dar und verweist gewissermassen gerade im Erfolgsfall auf Grenzen des Linienmanagements. Ewald KRAINZ und Peter HEINTEL bezeichnen dieses Phänomen als "Systemabwehr" (was allerdings keine ressourcenorientierte Beschreibung ist!) und folgern: "Man könnte sogar soweit gehen zu sagen, dass ein Beratungsprozess, der keine Erscheinungen von Systemabwehr hervorruft, wirkungslos ist; wobei es allerdings darauf ankommt, wie diese Abwehrmanöver bewältigt und produktiv gewendet werden[12].

Anders formuliert: Der Gestaltung der Beziehungen und Grenzen zwischen OE-Projekt- und Organisationsmanagement braucht ständige Aufmerksamkeit und Reflexion, wenn sich der OE-Prozess weder zur selbstgenügsamen, konsequenzen- und einflusslosen Diskussionsrunde noch zur subversiven Gegenmacht entwickeln soll.

Wesentliche Strukturelemente des OE-Prozesses sind die Entwicklungsgruppe und die interne Projektleitung, deren Funktionen wir im folgenden beschreiben.
Für die Dauer des OE-Prozesses bilden interne Projektleitung, Entwicklungsgruppe und der interne und/oder externe OE-Berater ein eigenes System – dieses Selbst-Verständnis als eigenständige Einheit ist wichtig, weil es die Möglichkeiten erweitert, trotz des Eingebundenseins in die Organisation in Form des Anstellungsverhältnisses eine Aussenperspektive einzunehmen.

*Die Struktur des OE-Prozesses soll **alle** laufenden Veränderungs-/Entwicklungsprojekte integrieren.*

---

[12] KRAINZ, E./HEINTEL, P., Beratung als Projekt (Artikel in Vorbereitung zur Veröffentlichung).

Der OE-Prozess bezieht sich auf die Ganzheit des in der Orientierungsphase ausdifferenzierten Systems (also das Gesamtunternehmen, einen Bereich, eine Abteilung, hierarchische Ebene und dergleichen). Dementsprechend sind bei der strukturellen Absicherung des OE-Prozesses *alle* im ausdifferenzierten System laufenden Projekte in den OE-Prozess zu integrieren. Immer wieder zeigt sich, dass es einen OE-Prozess gibt und *daneben* ein EDV-Projekt, ein Kostenrechnungsprojekt, ein Projekt "Führungskräfteentwicklung", ein Projekt "Bau einer neuen Fertigungshalle" und ähnliches. Diese Differenzierung von Prozessen verhindert die ganzheitliche Entwicklung der Organisation in *eine* Richtung. Vielfach sind in einem OE-Prozess gar keine neuen Projekte erforderlich, sondern es geht lediglich um die strukturelle Integration der laufenden Projekte. Gerade damit wird vermieden, dass der OE-Prozess manchmal wichtig ist (weil man gerade Zeit dafür hat) und dann wieder hinter anderen, dringenderen Aufgabenstellungen zurückzustehen hat.

4.2 Die Entwicklungsgruppe

Im Rahmen der Organisationsentwicklung obliegt der Entwicklungsgruppe das operative Projektmanagement und die Koordination der verschiedenen Teilprojekte und Veränderungsziele. Indem die Verantwortung für die Initiative und aktive Bearbeitung der Veränderungsziele auf mehrere Personen übertragen wird, wird sichergestellt, dass trotz Belastungen durch das laufende Geschäft genügend Energie für die gewünschte Entwicklung vorhanden ist.

- *Weiter soll die Entwicklungsgruppe*

  - einen durchgängig an Werten und Zielen der OE orientierten Prozess gewährleisten, weil diese in ihr laufend reflektiert, diskutiert, überprüft und angewendet werden,
  - die Verbindung zwischen dem formalen Management und dem OE-Prozess herstellen und aktiv aufrechterhalten,
  - die formale Hierarchie mit dem Projekt "Organisationsentwicklung" verknüpfen, indem sie den Informationsaustausch zwischen den einzelnen Gruppen und dem Management koordiniert,
  - für die Integration aller Projekte in den OE-Prozess sorgen.

Im einzelnen sind die Aufgaben der Entwicklungsgruppe:

- Koordination der Teilprojekte
- Umsetzen strategischer Richtlinien in Aktivitäten bzw. Teilprojekte (durch Initiieren von Prozessen)
- Unterstützung der Teilprojektleiter
- Kontrolle des laufenden OE-Prozesses
- Ressourcenzuteilung und -überwachung
- Zielvereinbarungen und -überwachung
- Unterstützung des Managements im Rahmen der Organisationsentwicklung: Die Entwicklungsgruppe präsentiert Vorschläge zur Verbesserung der Situation aufgrund der Ergebnisse in den Projektgruppen und bildet ein zeitlich begrenztes Beratungsorgan für Entwicklungsfragen der Organisation.

- *Mitglieder:*

Die Gruppengrösse sollte bewusst klein gehalten werden, um rasch und flexibel agieren zu können – in der Regel sollte die Entwicklungsgruppe nicht mehr als vier bis sechs Mitglieder umfassen.

Kriterien für die Mitarbeit in der Entwicklungsgruppe sind im einzelnen zu erarbeiten. Eine Kombination aus der Nominierung einzelner Mitglieder seitens des Managements, der Möglichkeit für Interessierte, sich selbständig um die Mitgliedschaft zu bewerben und der Berücksichtigung von Vorschlägen seitens der Mitarbeiter sichert ab, dass in der Zusammensetzung vielfältige Interessen und Anliegen berücksichtigt werden.

Die Entwicklungsgruppe selbst sollte im kleinen in ihrer Zusammensetzung das System widerspiegeln, auf das sich der OE-Prozess bezieht (Unterschiede in den hierarchischen Ebenen, Funktionen, in der Dauer der Zugehörigkeit, im Geschlecht usw.).

- *Die Arbeitsweise der Entwicklungsgruppe:*

Um eine kontinuierliche Steuerung und Reflexion des laufenden OE-Prozesses abzusichern, sollte eine fixe Arbeitsstruktur mit regelmässigen Sitzungen vereinbart werden.

4.3 Die interne Projektleitung

Diese Funktion wird entweder vom internen OE-Berater selbst wahrgenommen oder von einem Mitglied der zu beratenden Einheit. Ihr obliegt die Führung und Kontrolle der Entwicklungsgruppe. Sie ist für einen in die Organisation integrierten OE-Prozess unbedingt erforderlich. Die interne Projektleitung sollte in dieser Funktion direkt einem massgeblichen Mitglied der Geschäftsleitung oder des zuständigen Top-Managements unterstellt sein.

Die Zuordnung des OE-Projektes an eine oder zwei Personen ist eine Schlüsselfrage: Hier entscheidet sich, ob ein Schein-Prozess stattfinden wird, der für die Lebensfähigkeit der Organisation wenig Bedeutung hat und bei dem die zentralen, heiklen Fragen ausgeklammert bleiben oder ob der OE-Prozess die nötige Zeit, Energie und Bedeutung erhalten wird und damit Erwartungen und Entwicklungsbereitschaft bei den Betroffenen wecken kann.

- *Wesentliche Anforderungen an die interne Projektleitung:*
- *Menschenbild und Grundsätze*
  Die Projektleitung garantiert durch die Art und Weise, wie sie das Projektmanagement wahrnimmt, dass die Werte und Grundsätze der OE zum Leben kommen und für die Mitglieder der Organisation erfahrbar werden. Bedeutend ist auch die Fähigkeit, in Systemen und Zusammenhängen zu denken statt in Ursache-Wirkungsrelationen und eine Haltung der Wertschätzung und Neugier.

- *Persönliche Lernfähigkeit und Lernbereitschaft*
  Auch hier kommt der Projektleitung Vorbildfunktion zu: Indem sie sich in Haltung und *Tun* persönlich als lernfähig und lernbereit erweist, wird sie zum Katalysator für Lernprozesse anderer. Supervision der Projektleitungsfunktion ist eine wichtige Qualitätssicherung für den OE-Prozess und eine Lern- und Entwicklungsform für die Projektleitung.

- *Methodenkompetenz*
  Günstig sind Erfahrungen im Planen und Leiten von Gruppen und im Projektmanagement. An Handwerkszeug sind zumindest Kenntnisse der Moderation erforderlich.
  Die Projektleitung braucht nicht Spezialist für ein bestimmtes Thema zu sein, sie sollte jedoch in der Lage sein, eine Klausur zur Situationsklärung oder Zielfindung (eventuell in Abstimmung mit einem externen Entwicklungsberater), einen Workshop zur Bearbeitung eines Teilprojekts usw. zu strukturieren und zu moderieren.

- *Führungskompetenz*
  Die Projektleitung hat je nach Situation Rollen mit unterschiedlichen Anforderungen wahrzunehmen: Sie ist Projektleitung, Mitglied der Entwicklungsgruppe, eventuell Teilprojektleiter und hat eine Funktion innerhalb der Organisationsstruktur. Sie braucht daher die Fähigkeit, verschiedene Aspekte von Führung situationsgerecht ausüben und klare Grenzen zwischen den einzelnen Bereichen ziehen zu können.

- *Sozialkompetenz*
  Die Projektleitung braucht Freude und Gespür für Menschen und Verständnis von sozialen Prozessen. Sie muss fähig und bereit sein zu Kommunikation, Kooperation, Team- und Konfliktarbeit. Wichtig ist hier auch die Kontroll- und Konfrontationsfähigkeit in der Arbeit mit internen und externen Partnern.

- *Strategische Kompetenz*
  Für die langfristige Ausrichtung des OE-Prozesses ist ein Basiswissen in strategischen Analyse- und Planungsmethoden nützlich.

- *Durchhaltefähigkeit, Selbstbewusstsein, Stabilität*
  Entwicklungsprozesse erfordern Geduld und bringen oft keine schnellen Ergebnisse, daher sollte der interne Projektleiter über einen "langen Atem" und eine gewisse Frustrationstoleranz verfügen. Er sollte ein realistisches Selbstbild haben (kennen der eigenen Stärken, Fähigkeiten und Schwächen sowohl fachlich als auch persönlich) und er sollte Unsicherheit, Spannung und Konflikte als zum Teil notwendig akzeptieren und damit umgehen können.

- *Verantwortungsübernahme*
  Die Projektleitung nimmt Probleme "in die Hand" und schöpft ihren Handlungsspielraum so weit wie möglich aus. Sie geht dazu, wenn nötig, Risiken *bewusst* ein. Sie überprüft selbständig die Folgen ihres Handelns und ist bereit zu Korrekturen.

- *Akzeptanz*
  Sowohl durch die Unternehmensleitung als auch durch die Mitglieder der Entwicklungsgruppe und die Mitarbeiter. Da OE als Systemveränderung oft im Gegensatz zu systemerhaltenden Bestrebungen der Organisation (und damit zu langjährigen Gewohnheiten der Organisationsmitglieder!) steht, gewährleistet die breite Akzeptanz der Projektleitung, dass der OE-Prozess weder wirkungslos verpufft noch zu einer Gegenmacht in der Organisation führt, sondern in

einem herausfordernden Spannungsverhältnis steht und anschlussfähig sowohl für Mitarbeiter als auch für die Führungskräfte bleibt.

- *Wachheit für neue Anforderungen und Entwicklungen*
  Um Chancen für die Organisation rechtzeitig erkennen zu können, setzt sich die Projektleitung bewusst mit Zukunfts- und relevanten Umweltentwicklungen (Kunden, ökologische Veränderungen usw.) auseinander und ist offen für Neues und Fremdes.

Erscheinen Ihnen diese Anforderungen ziemlich hoch und schrecken Sie womöglich von der Übernahme dieser Funktion ab? Sie sollten als Vision und Richtwerte für die bewusste Entwicklung sowohl der Projektleitung als auch der Entwicklungsgruppe und weniger als Anforderungsprofil im strengen Sinn verstanden werden – der Prozess selbst soll ja den Beteiligten eine persönliche Weiterentwicklung auf diese Ziele hin ermöglichen.

4.4 Zur Handhabung der Grenze zwischen Organisations- und OE-Struktur

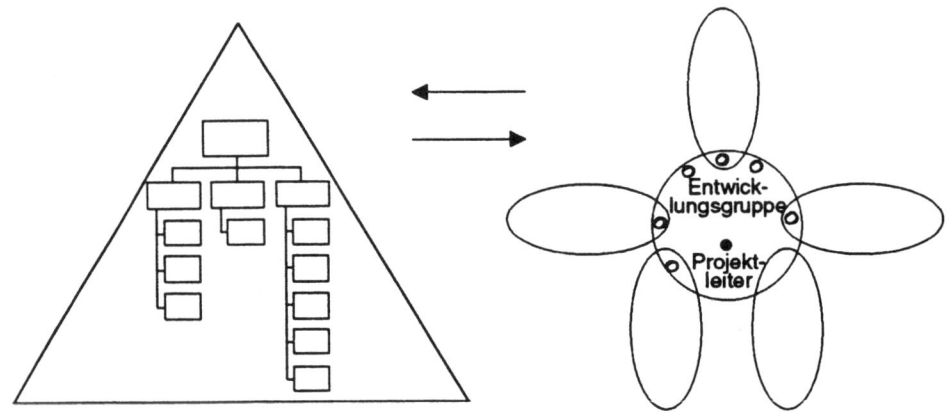

Organisationsstruktur
Funktion: Systemerhaltung

Struktur des OE-Prozesses
Funktion: Systemveränderung

Wie die Graphik zeigt, ist die Steuerungsstruktur des OE-Prozesses gedanklich ausserhalb der formalen Organisationsstruktur anzusetzen. Da in kleinen und mittleren Organisationen die Funktionen innerhalb der beiden Strukturen oft von den selben Personen wahrgenommen werden, bedarf es besonderer Übung im Handhaben der Grenzen: In vielen Fällen stellt sich die Frage, "welchen Hut" die betreffende Person gerade auf hat, ob sie beispielsweise als Mitglied der Entwicklungsgruppe Stellung nimmt oder als Mitglied der Geschäftsleitung.

4.4.1 Die Notwendigkeit einer durchlässigen, klaren und flexiblen Grenze

Durch eine deutliche, klare Grenze zwischen dem Management der Organisation und dem Entwicklungsprozess ist sichergestellt, dass sich beide Systeme selbständig entwickeln und ihre unterschiedlichen Funktionen zur Aufrechterhaltung, Sicherung und Weiterentwicklung der Leistungs- und Lebensfähigkeit der Organisation wahrnehmen können: dass im Management-System die Führungs- und Entscheidungsverantwortung für das laufende operative Geschäft und die strategische Weiterentwicklung wahrgenommen wird, dass das Normen- und Wertegerüst (die Unternehmensphilosophie) tradiert wird usw. – dass aber andererseits in der Entwicklungsgruppe die notwendigen Ressourcen, Rahmenbedingungen, Freiräume und Kompetenzen für den OE-Prozess gesichert werden.

Klar sind Grenzen, wenn die Mitglieder eines Systems ihre Funktionen ohne unzulässige Einmischung von aussen wahrnehmen können, ohne dass es zu "Durchgriffen" kommt. Gleichzeitig müssen die Grenzen aber auch durchlässig gestaltet werden, was heisst, dass Möglichkeiten zu Kontakt, Austausch und Abstimmung strukturell verankert werden sollten (beispielsweise durch eine verbindliche Besprechungs- und Reflexionsregelung zwischen Projektleitung und zuständigem Management) und das formale Management laufend über den Stand von Projekten informiert wird. Durchlässig bedeutet weiters, dass der Projektleiter entscheidungsreife Angelegenheiten dem Management zur Entscheidung vorlegt – der OE-Prozess setzt keine gültigen Entscheidungs- und hierarchischen Strukturen ausser Kraft! Förderlich zur Handhabung der Grenzen sind klare Vereinbarungen bezüglich Zeitverwendung, Finanzen, Kompetenzen der Projektleitung, Erfolgskriterien, Kontrollzeitpunkten usw.

Symptome von rigiden, starren Grenzen sind Desinteresse des Managements an der Arbeit in Entwicklungsprojekten, genauso wie die "Selbstbefriedigungsarbeit" in Entwicklungsprojekten mit fehlender Relevanz für die Anforderungen des Tages- oder zukünftigen Geschäfts. Es finden kaum gemeinsame Informationsgespräche (Meetings, Workshops) statt. Phantasien über das jeweils andere System sind an der Tagesordnung ("die bringen nichts weiter", "niemand ist zuständig").

Diffuse Grenzen entstehen, wenn Personen, die in beiden Systemen arbeiten und Aufgaben übernehmen, immer wieder "ihren Hut wechseln". Ein Symptom für diffuse Grenzen ist aber auch, wenn sich Entwicklungsteams Entscheidungen anmassen, die nicht sie zu fällen haben ("Gegenregierung"). Genauso ist es eine diffuse Grenze, wenn das Management laufend in Entwicklungsprozesse eingreift und Projektteams praktisch keine Chance haben, in der nötigen Distanz die Probleme des Projekts in Angriff zu nehmen.

Der Grad der Durchlässigkeit zwischen dem Management der Organisation und dem Entwicklungsprozess ist also gleichsam der Schlüssel zur Systemeffektivität (welche Aufgaben getan werden), aber auch zur Systemeffizienz (wie an Aufgaben gearbeitet wird). Wesentlich ist, dass die Durchlässigkeit ausbalanciert ist, also das richtige Verhältnis von Hinein- und Hinausfliessen von Information, Interesse, Energie besteht. Und da sich Umstände und Situation eines Systems in Verbindung mit der Umwelt laufend ändern, müssen die Grenzen im inneren und nach aussen und ihre Durchlässigkeit flexibel sein.

4.4.2 Ablaufvorschlag für die erste Sitzung der Entwicklungsgruppe

Die Mitglieder der Entwicklungsgruppe brauchen Zeit, um sich als arbeitsfähiges Team zu konstituieren, um Spielregeln der Zusammenarbeit zu entwickeln und sich mit ihrer neuen Funktion auseinanderzusetzen. Wird diesen Bedürfnissen zu Beginn nicht genügend Aufmerksamkeit geschenkt, bleibt die Gruppe als solche und in ihrer Arbeitsfähigkeit fragil und kann keine eigenständige Identität entwickeln. Im folgenden Ablaufvorschlag für eine Leitung der ersten Sitzung durch den internen oder externen OE-Berater werden sowohl prozess- als auch aufgabenorientierte Elemente integriert.

- *Ein roter Faden*
- "ankommen": Darstellen der Vorgeschichte, der Ziele und des roten Fadens für dieses Treffen, einander vorstellen, Stimmung abfragen beispielsweise: "Mit welchem Gefühl gehe ich an das OE-Projekt heran?"
- Erwartungen an diese Sitzung/Klausur klären und eventuell Spielregeln vereinbaren
- Aufgaben der Organisationsstruktur und der Struktur des OE-Prozesses verdeutlichen
- Funktionen der Entwicklungsgruppe, der Projektleitung und der Teilprojektleitung erarbeiten lassen oder präsentieren

- einheitlichen Informationsstand herstellen; mit folgendem Raster werden alle vom Management ausgewählten Veränderungsziele besprochen:
  - Projekt
  - Projektleitung (Wer kann/möchte/sollte ...?, Fähigkeiten, Anforderungen ...)
  - beteiligte Personen in den Teilprojekten (Wer steht fest? Wer ist einzubeziehen? Wer muss informiert werden?)
  - Vorgangsweise: In welchen Schritten können die einzelnen Ziele bearbeitet werden? Wo ist Unterstützung durch einen Fach- oder Entwicklungsberater notwendig?
  - Informationen: Wie gehen wir damit um? An wen geben wir Informationen weiter/müssen wir Informationen weitergeben? Wie?
  - Was brauchen wir als Entwicklungsgruppe und Projektleitung, um unsere Funktion erfüllen zu können (z.B. methodische Unterstützung – Moderationstraining, einen Gruppenentwicklungsprozess, Supervision, Unterstützung in einzelnen Punkten durch einen Entwicklungsberater usw.).
  - Was sind die nächsten Schritte?
  - Massnahmenkatalog
  - Reflexion und Auswertung dieser Sitzung.

4.5 Routinesitzungen als Fixpunkte im Prozess

Regelmässige Arbeitssitzungen der Entwicklungsgruppe fördern die Kontinuität der Entwicklungsarbeit (z.B. einmal monatlich einen halben Tag) und sichern im Verlauf der folgenden Arbeit in Teilprojekten den Informationsaustausch bzw. ermöglichen flexible "Kurskorrekturen".

Der folgende Ablaufvorschlag berücksichtigt wiederum die Prozess- und Inhaltsebene:

- Rahmenbedingungen und Ziele klären
- "Wetterbericht": Jedes Mitglied äussert sich nach einer kurzen Besinnung zu den Punkten: Neue Informationen, die ich habe; Wie geht's mir derzeit mit dem OE-Prozess und persönlich?, Welche Anerkennungen, Beschwerden, Wünsche und Veränderungsvorschläge habe ich? Gibt«s Verwirrungen, Gerüchte oder Unklarheiten, die gemeinsam geklärt werden sollten?

oder:

- allein oder in Kleingruppen wird eine Standortbestimmung zu den drei Pfeilern

"Ich – der OE-Prozess – Wir als Entwicklungsgruppe" mit anschliessender Präsentation im Plenum angeregt
- einen gemeinsamen Informationsstand über Teilprojekte herstellen (Präsentation des aktuellen Stands, Diskussion und Kontrolle der Aktivitäten seit der letzten Sitzung)
- Themen für dieses Treffen sammeln und eventuell klären, wie sie behandelt werden sollen
- Themen bearbeiten oder weiteres Vorgehen vereinbaren, Fragen klären
- weitere Schritte, Massnahmen
- Reflexion der Sitzung.

4.6 Lernen, bewusst Erfolge zu feiern!

Dass der Prozess in der Praxis nicht so glatt läuft wie auf dem Papier, werden die Mitglieder der Entwicklungsgruppe öfters erfahren – und obwohl im Prinzip klar ist, dass Unvorhersehbares, Unplanbares und Überraschungen Wesens-Merkmale lebendiger Systeme sind, können unvorhergesehene Turbulenzen und Flauten zu Frustration und Entmutigung führen und manchen ans Aufgeben und an eine weniger abwechslungsreiche Aufgabe denken lassen.

Dies spätestens könnte ein Anlass sein, sich während einer Sitzung der Entwicklungsgruppe bewusst die bisherigen Veränderungen und Erfolge zu vergegenwärtigen: beispielsweise mit Hilfe eines Plakates, auf dem Sie zunächst gemeinsam relevante Bereiche sammeln wie Betriebsklima, Führungsverhalten, Entscheidungen usw. und sich gemeinsam über die Situation früher und heute verständigen.

Beispiel:	Bereich	früher	heute

Welches Ritual könnte passen, um die Erfolge gebührend zu feiern?

_____
_____
_____

5. Information des Gesamtsystems

Mittlerweile wird seit den ersten Überlegungen bezüglich eines möglichen OE-Prozesses und auch seit der Information aller Betroffenen im grossen, offiziellen Rahmen zum Abschluss der Orientierungsphase einige Zeit vergangen sein. Eine neuerliche Information des Gesamtsystems, auf das sich der OE-Prozess bezieht, fördert auch bei den nicht unmittelbar betroffenen und/oder eingebundenen Mitarbeitern die Beziehung zum Geschehen und einen aktuellen Informationsstand über alle laufenden Aktivitäten. Auf dem laufenden gehalten zu werden und durch eine Diskussionsmöglichkeit in die Überlegungen eingebunden zu sein, beteiligt indirekt viel mehr Menschen an der Entwicklung als nur die unmittelbar Mitwirkenden.

5.1 Inhalte einer moderierten Informationsveranstaltung

- Was hat zum Start eines OE-Prozesses in unserer Organisation geführt?
- Was geschah bisher?
- Welche Kriterien/Prozesse haben zur Auswahl von Veränderungszielen geführt?
- Was sind die Themen für die folgende Arbeit in Teilprojekten?
- Offenlegen der Struktur des OE-Prozesses (Funktionen der Entwicklungsgruppe und der Projektleitung)
- Wer wird/soll in welcher Funktion in den Prozess einbezogen werden?
- Erwartungen, Befürchtungen, Anregungen, Vorschläge für die Mitarbeit in Teilprojekten usw. erheben und diskutieren.

5.2 Anregungen für eine punktuelle oder regelmässige Information im Rahmen der Organisationsstruktur

Denkbar sind Informationsbriefe, eine OE-Zeitung, ein Durchläufer, ein Auftrag zur Information an die Abteilungs- oder Bereichsleiter, Betriebsversammlungen, Stand des OE-Prozesses als fixer Tagesordnungspunkt bei bestimmten Besprechungen usw.

6. Bearbeitung der ausgewählten Ziele (in Teilprojekten)

Mit der Phase der Arbeit an Teilprojekten (bzw. Veränderungszielen) wird der OE-Prozess um einiges komplexer als bisher. Verschiedene Klärungs-, Problemlösungs- und Realisierungsphasen finden teils parallel, teils zeitlich verschoben statt, einzelne Personen können in verschiedenen Teilprojekten mitarbeiten, einzelne Themen werden im Rahmen bestehender Funktionen bearbeitet und müssen verfolgt werden, das Tempo und das Vorgehen in den einzelnen Projekten wird stark variieren usw.

Wir beschreiben im folgenden die Strukturierungsprinzipien von Teilprojekten und die Aufgaben des Teilprojektleiters; die breite Palette der möglichen Veränderungsziele, die sich mittlerweile im konkreten Fall ergeben haben, macht es jedoch wenig aussichtsreich, in diesem Rahmen für einzelne Spezialthemen Vorgehensweisen zur Bearbeitung vorzuschlagen – allein die Literatur zu möglichen Teilprojekten wie Personalentwicklung, Strategieentwicklung, eine Erneuerung der Organisationsstrukturen mit Einführung strategischer Geschäftsfelder, eine Konfliktlösung zwischen zwei Abteilungen, die Verbesserung der Servicequalität oder Umstellung der Produktionsverfahren usw. füllt Bände.

6.1 Gestaltungsprinzipien für Teilprojekte:

- Jedes Teilprojekt muss in der Entwicklungsgruppe verankert sein: entweder ist der Teilprojektleiter bereits Mitglied oder ein Mitglied der Entwicklungsgruppe übernimmt die Patenschaft für das Teilprojekt.
- Je nach Grösse des Teilprojekts sollte dessen Struktur der Struktur des Gesamtprozesses entsprechen: Wenn wir die Entwicklungsgruppe mit den Teilprojekten als Blütenblatt bezeichnen, sollte bei entsprechender Mitgliederzahl das Teilprojekt selbst wieder entsprechend diesem Blütenblatt organisiert sein.

Ein Beispiel:

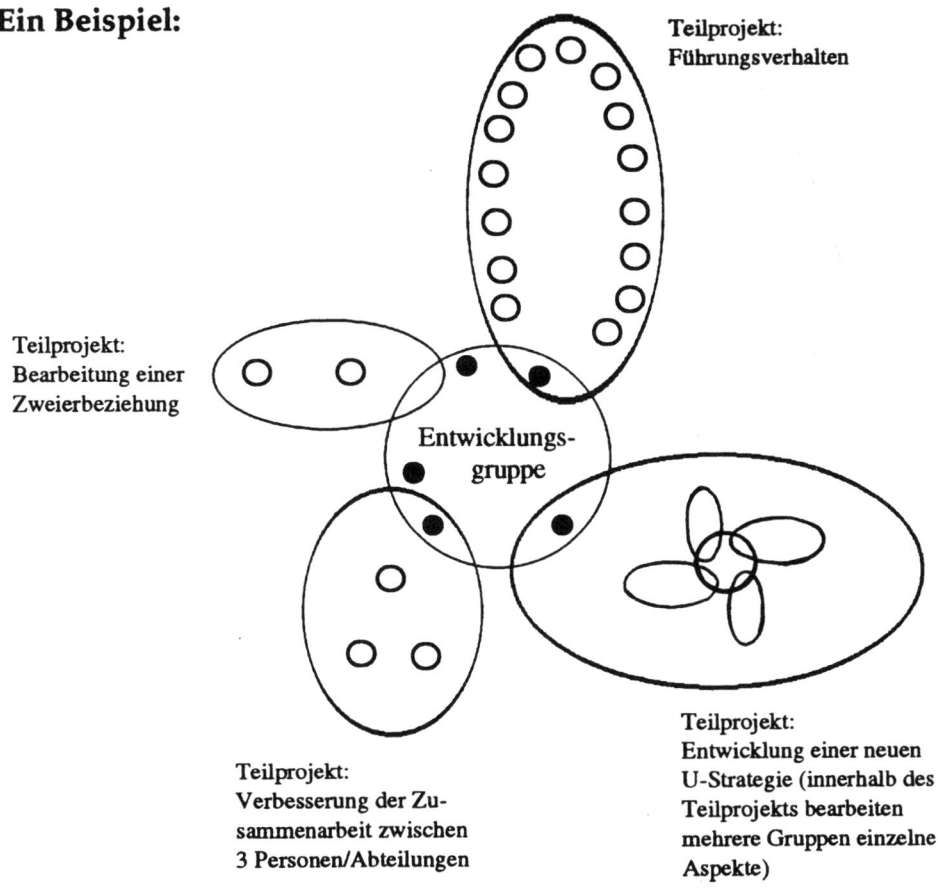

Wie schaut die Struktur Ihres konkreten OE-Prozesses in dieser Darstellung aus?

6.2 Funktionen des Teilprojekt-Leiters

- Organisatorische Leitung und Koordination der Gruppe
- Sicherstellen, dass die Strategie der Veränderung durch Entwicklung durchgängig angewendet wird
- Einbeziehen und Information der Umwelt des Teilprojektes und der relevanten Systemelemente

- methodische Unterstützung und Moderation der Teilprojektgruppe
- Abstimmen, Vereinbaren und Reflektieren der Ziele, Inhalte und Vorgangsweisen mit der Entwicklungsgruppe.

6.3 Das Vorgehen in den Teilprojekten

In jedem Teilprojekt wiederholen sich im Prinzip die Elemente des bisherigen Prozesses – je nach Bedarf also Orientierung, Situationsklärung, Zielfindung, Installieren einer Steuerungsstruktur für das Teilprojekt und Arbeit in Kleingruppen innerhalb des Teilprojekts.

Je nach Thema und vorhandenem Know-how kann es in dieser Phase bei einzelnen Themen auch notwendig sein, einen Fachexperten beizuziehen (z.B. einen EDV-Fachmann oder einen Marketing-Spezialisten). Der Teilprojektleiter und die Entwicklungsgruppe sollten hierbei besonders auf eine den OE-Werten und Prinzipien adäquate Bearbeitung achten, d.h. dass Wissen und Erfahrungen des Fachexperten genützt werden, ohne dass das Thema und der Prozess "aus der Hand gegeben" wird.

Einige Vorschläge für den Fall, dass die Mitglieder eines Teilprojekts beim Erarbeiten einer Vorgehensweise oder einer Problemlösung Unterstützung brauchen:

- Layoutberatung durch einen Prozessexperten (z.B. Moderationsvorbereitung)
- fachliches Know-how eines Experten einholen, einen Experten teilweise zuziehen
- Literatur über Projektmanagement allgemein oder zur Thematik des Teilprojekts
- ein innerbetriebliches Seminar zum Thema
- Besuch eines überbetrieblichen Seminars mit anschliessender Vermittlung der Informationen an die Projektmitglieder
- Supervision
- zur Durchführung einzelner Schritte einen Entwicklungsberater hinzuziehen
- Workshops oder Kreativitätspool organisieren.

→ Die vielfältigen Prozesse in den Teilprojekten bringen die eigentliche Dynamik in den Gesamt-OE-Prozess:

Im Laufe der Zeit werden dabei sehr viele Mitglieder der Organisation beteiligt und dadurch wird Entwicklung ermöglicht. Parallel zu ersten Erfolgen werden durch die Arbeit in Teilprojekten "Polster gebaut", d.h. erste Erfahrungen mit OE sind die Voraussetzung dafür, dass mit der Zeit auch die Bearbeitung kritischer Veränderungsziele möglich wird.

Beispiel:
Im OE-Prozess einer Produkt-Organisation wurde die ersten zwei Jahre in einem Teilprojekt gearbeitet, das die Menschen, Gruppen und die Organisation schliesslich befähigte und ermutigte, weitere, eher kritische Veränderungsziele im Rahmen des Prozesses zu bearbeiten.

Dieses Teilprojekt hiess "Teamentwicklung und Entwicklung der Management-Fähigkeiten bei den Führungskräften". Für dieses Teilprojekt war noch keine Entwicklungsgruppe erforderlich und die interne Projektleitung wurde vom Geschäftsführer wahrgenommen.

Die Organisation ging insgesamt bei den Veränderungen sehr vorsichtig vor: Nach zwei Jahren Team- und Managemententwicklung und der Auswertung des bisherigen Prozesses durch eine Entwicklungsgruppe wurde der Prozess auf eine breitere Basis gestellt.

Die Installierung der Entwicklungsgruppe wurde durch mehrere Prozessschritte eingeleitet und war dann in Kombination mit einem internen Projektleiter eine Befreiung für die Führungskräfte.

Als Teilprojekte wurden vereinbart: Neustrukturierung des formalen Organigramms, Einführung einer Logistik, Überprüfung des technischen Standes in der Produktion, Personalentwicklung, Verkaufsorganisation.

7. Absicherung des in die Organisation integrierten Prozesses

Betrachten wir nochmals den graphisch umgesetzten Verlauf eines OE-Prozesses auf S. 95, dann wird deutlich, dass Sie sich mit dem OE-Prozess in Ihrer Organisation nun (vereinfacht ausgedrückt) am Ende des ersten "Durchganges" befinden.

Wie bereits in den einleitenden Bemerkungen über das vorliegende systemisch evolutionäre Phasenmodell erwähnt, gilt es nun, einzelne Phasenschritte je nach den Erfordernissen im konkreten Verlauf Ihres OE-Prozesses situationsspezifisch erneut durchzuführen:

Nur indem in bestimmten Intervallen erneut eine Situationsklärung, eine Zielfindung durch das Management, das Überprüfen der installierten Steuerungsstruktur usw. stattfindet, ist garantiert, dass die Themen und Teilprojekte und Lernfelder des OE-Prozesses im Laufe der Zeit nichts von ihrer Bedeutung und strategischen Relevanz für die Lebensfähigkeit der Organisation verlieren.

Wird diesen Absicherungsmechanismen und Plattformen für Erneuerung und Aktualisierung zu wenig Bedeutung beigemessen, ist die Gefahr gross,

- dass nach einer anfänglichen Begeisterung der Prozess still und leise versandet,
- dass der Prozess nicht mehr den aktuellen Erfordernissen der Organisation entspricht,
- dass er eine Eigendynamik erhält und zur blossen Beschäftigungstherapie der Beteiligten absackt,
- dass er unkontrolliert verläuft und sowohl Zielabweichungen als auch Erfolge nicht erkannt werden.

7.1 Projekte "lebenslänglich" ...?

In diesen Ausführungen ist unter Umständen der Eindruck eines Widerspruches entstanden:

Einerseits haben wir den OE-Prozess mit dessen Struktur als (vorübergehende) Ergänzung zur system-erhaltenden Struktur der Organisation beschrieben – demgemäss sollte der Prozess ein Ende finden, wenn die anvisierten Veränderungsziele erreicht sind. Andererseits sprechen wir von der permanenten Integration neuer Veränderungsziele, was auf einen dauerhaften Prozess verweist.

Nach unseren Erfahrungen zeigt sich, dass die Prinzipien, Methoden und Werte der OE – nachdem sie verinnerlicht sind – immer wieder von neuem einen Rahmen bieten, um aktuelle Themen und Veränderungen anzugehen.

Das Wesentliche ist also die verinnerlichte Haltung der OE, unabhängig davon, dass es Zeiten geben mag, wo keine Entwicklungsgruppe existiert und an keinen Veränderungszielen gearbeitet wird. Die Basis jedoch ist geschaffen, um diese erlernten Strukturen bei Bedarf wieder zu aktivieren.

→ Falls der OE-Prozess in Ihrer Organisation für eine Weile zum Stillstand kommt, sollte in jedem Fall ein klarer Abschluss, eine Information an alle Beteiligten und eine saubere Auswertung erfolgen:
- Wo stehen wir?
- Was wurde erreicht?
- Was ist noch offen? Was war hilfreich am bisherigen Verlauf?
- Was lernen wir daraus für's nächste Mal?

Zwei bedeutsame begleitende Massnahmen sind nach unserer Erfahrung unbedingt erforderlich, um den OE-Prozess langfristig und in jeder Phase abzusichern: Supervision und Unterstützung individueller Entwicklungsprozesse.

7.2 Supervision von Entwicklungsgruppe und Projektleitung

Supervision kann man ganz allgemein umschreiben als die "Distanz zum eigenen Tun". Es geht also darum, das berufliche Handeln (im konkreten Fall die OE-Arbeit) gemeinsam mit einem Aussenstehenden (einem Supervisor/einer Supervisorin) kritisch zu durchleuchten.

- *Was leistet Supervision?*
- eine systematische Überprüfung der eigenen Arbeit: Die Mitglieder der Entwicklungsgruppe stellen hierbei in regelmässigen Supervisionssitzungen durchgeführte oder geplante Schritte vor und können rückwirkend aus einem Ablauf lernen oder vorausschauend konkrete Interventionen planen;
- eine Reflexion, Standortbestimmung und gegebenenfalls Neuorientierung bezüglich der eigenen Rolle (Ist die Entwicklungsgruppe dabei, Leitungs-

funktionen wahrzunehmen, die vom zuständigen Management auszuüben wären? Wird die Neutralität verletzt, indem einseitig Interessen von Führungskräften oder Mitarbeitern forciert werden?);
- die Distanzierungsfunktion: Die Entwicklungsgruppe, Teil der Organisation und dadurch mit vielen feinen Fäden derselben verbunden, muss immer wieder geistig Distanz schaffen, eine Aussenperspektive und (selbst-)kritische Position einnehmen, damit ihre Aktionen einen Unterschied zum Alltagshandeln der Organisation bilden. Supervision hilft, blinde Flecken aufzudecken;
- Entwickeln neuer Handlungsmöglichkeiten in schwierigen, festgefahrenen Situationen;
- Das Verständnis über das Organisationsgeschehen wird erweitert: Im OE-Prozess und in der Entwicklungsgruppe selbst spiegeln sich Phänomene der Organisation, die wichtige Informationen enthalten, wenn dieser Prozess erkannt wird; wenn nicht, lasten Mitglieder der Entwicklungsgruppe sich womöglich das schleppende Vorankommen in einem Projekt nach einem starken Start in dem sich ein organisationsspezifisches Muster der Problembearbeitung wiederholt, selbst an, statt dies zum Thema zu machen;
- die Lernfunktion: Supervision ist ein wichtiges Instrument beruflicher Weiterbildung sowohl bezüglich methodischer wie auch sozialer und persönlicher Fähigkeiten. Obwohl sich Supervision durch die konsequente Arbeit an konkreten Fragen und Situationen im Zusammenhang mit dem laufenden OE-Prozess auszeichnet, lernen die Beteiligten nicht nur für bestimmte Situationen, sondern durch den Prozess an sich. Sie lernen, authentischer miteinander zu sprechen, sie schulen ihre Wahrnehmungs- und Diagnosefähigkeiten, lernen Methoden und Vorgehensalternativen kennen, entwickeln systemisches Denken, Handeln und Fragen (was einen systemisch bzw. familientherapeutisch orientierten Supervisor voraussetzt);
- Supervision hilft, das Ziel des Prozesses nicht aus dem Auge zu verlieren.

Ergänzend zur Supervision mit einem externen Berater/Supervisor können Intervisionen im Kollegenkreis, beispielsweise die Reflexion von Teilprojekten in der Entwicklungsgruppe, stattfinden, wobei in diesem Fall eine klare Strukturierung besonders wichtig ist.

Folgende Schritte sind eine einfache und hilfreiche Strukturierung einer (Teil-)Projektsupervision:

- *Stand des Projekts:*

  Der Projektleiter schildert die derzeitige Situation – mit allen Informationen, die ihm derzeit wichtig erscheinen –, beschreibt, wie es ihm damit geht und formuliert sein derzeitiges Problem bzw. seine Frage in einem Satz.

- *Verständnisfragen der anderen Teilnehmer:*

  Diese Fragen werden vor dem strategischen Hintergrund (Was ist das Ziel des Projektes?), dem methodischen Hintergrund (Was hat Priorität?, Wie können die nächsten Schritte angepackt werden?) und dem verhaltensorientierten Hintergrund (Welche Rolle und Aufgabe hat die Gruppe oder der Projektleiter? Empfindet man sich als Steuermann oder als fernstehender Beobachter der Szenerie?) formuliert und zielen auf ein ganzheitliches Verständnis der Situation.

- *Gefühlsmässige Reaktionen:*

  Was löst die Schilderung bei mir als Zuhörer aus? In der Regel spiegeln sich in den Reaktionen der Supervisionsteilnehmer wichtige Anteile und Aspekte des Geschehens.

- *Hypothesenbildung:*

  Wie lässt sich die Situation erklären/verstehen? Wie hängen verschiedene Anteile zusammen? Worin könnte der Anteil des Fallbringers (Projektleiters) bestehen?

- *Reaktionen des Fallbringers darauf:*

  Was ist mir neu/fremd? Was ist mir klar geworden oder einsichtig?

- *Entwickeln alternativer Interventionsstrategien:*

  Welche Schritte erscheinen aussichtsreich und mit welchen Konsequenzen ist zu rechnen?

- *Resümee:*

  Zum Schluss der Supervisionssitzung wird der Prozess der Fallbearbeitung gemeinsam ausgewertet und Erkenntnisse der anderen Teilnehmer ausgetauscht.

7.3 Die Unterstützung individueller Entwicklungsprozesse von Führungskräften und Multiplikatoren

Insgesamt ist wohl deutlich geworden, dass ein an den Werten und Zielen von OE orientierter Entwicklungsprozess in einer Organisation etwas gänzlich anderes darstellt als eine blosse Schönfärberei und Oberflächenbehandlung.

Damit derart weitgreifende strukturelle und persönliche Veränderungen bei den Betroffenen nicht zu Ängsten und Widerständen führen, müssen parallel zum OE-Prozess die individuellen Entwicklungswege insbesondere der beteiligten Führungskräfte unterstützt werden:

Gerade Führungskräfte erfahren durch OE eine weitreichende Neuorientierung. Sie erkennen, wie entlastend es sein kann, wenn sie den Denk- und Problemlösungsfähigkeiten der Mitarbeiter und den selbstorganisierenden Kräften der Organisation vertrauen. Bevor sie Sicherheit durch neue Erfahrungen gesammelt haben, werden sie jedoch kritische Phasen erleben, in denen alte Handlungsmuster nicht mehr greifen und neue noch nicht genug verinnerlicht sind, was zu Unsicherheit über das eigene Rollenverständnis führt.

Führungskräfte werden damit zu einem Nadelöhr im OE-Prozess! Damit Veränderungen in der Organisation stattfinden können, setzt es ein bestimmtes Mass an persönlicher Entwicklung voraus, sonst bleiben Veränderungen marginal, abhängig vom jeweiligen Wetter der Organisation (weht ein rauher Wind, werden die eingeleiteten Veränderungen sofort als zu mutig oder als Luxus befunden und abgewunken), weil die für einen langfristigen Prozess nötige Sicherheit, Weitsicht, aber auch Ausdauer und Gelassenheit fehlen.

→ Supervision und die Unterstützung von individuellen Entwicklungswegen sind darüber hinaus die Garantien dafür, dass die internen OE-Verantwortlichen sich im Verlauf des Prozesses genügend Professionalität erwerben, um diesen möglichst bald allein gestalten und tragen zu können – andernfalls bleibt der OE-Prozess letztlich eine Sache des externen Begleiters und bricht nach dessen Ausscheiden bald zusammen.

8. Der Entwicklungsberater

Alle bisherigen Ausführungen haben wohl eines verdeutlicht: Das eigentliche Handwerkszeug des Entwicklungsberaters ist er selbst – mit seinen Fähigkeiten, seinem Prozessgespür, seiner Persönlichkeit und Wirkung, seinem methodischen und Interventionsrepertoire.

Wichtig ist, dass der Entwicklungsberater über ein klares Funktionsverständnis verfügt und mit den Beteiligten eine offene Funktionsklärung vornimmt. Gerade, weil der Berater von den Mitgliedern der Organisation immer wieder dazu "eingeladen" wird, in bestimmten Situationen Leitungsfunktionen wahrzunehmen, ist unseres Erachtens eine deutliche Abgrenzung notwendig und hilfreich. Der Entwicklungsberater fördert, wo immer möglich, die Verantwortlichkeit jeder Person, die Erweiterung der Handlungsalternativen sowie die Fähigkeit der Klienten, selbst Situationen und Möglichkeiten zu prüfen, Lösungsalternativen auszuwählen und über weitere Schritte usw. zu entscheiden.

8.1 Leitbild für Führungskräfte und Berater

Das im folgenden in knapper Form wiedergegebene Leitbild stammt von Waldefried PECHTL. Es hat sich in unseren Beratungen als wichtige Handlungsmaxime erwiesen[13].

- Wertschätzende Haltung
- Funktionsbewusstsein
- Disziplin bezüglich Aufgaben, Aussagen, Vereinbarungen
- Zielorientiertheit
- Reflexionsbereitschaft
- Beachten von Grenzen
  offenes und bewusstes Einsetzen von Instrumenten (= Fertigkeiten, Fähigkeiten)
- Körperbewusstheit
- Handlungsfähigkeit.

---

[13] PECHTL, 1989, 195 f.

- *Der systemisch orientierte Entwicklungsberater beachtet in besonderen Mass,*
  - dass die wesentlichen Veränderungen im Alltag, d.h. zwischen den Sitzungen stattfinden bzw. eingeübt werden müssen (woraus folgt, dass Termine für Sitzungen oder Klausuren in der Regel in grösseren Abständen vereinbart werden),
  - dass Veränderungen eher an den Relationen zwischen Personen oder Organisationseinheiten ansetzen sollten als an den Personen selbst (zu häufig wurden in personorientierten Beratungen Einzelne zu "Sündenböcken" gemacht – mit dem Erfolg, dass relevante Organisationsbereiche wie Strukturen, Strategien... unangetastet blieben). Die schliesst jedoch nicht aus, dass es Ziel der systemischen OE ist, auch Veränderungsprozesse bei Einzelpersonen, im besonderen bei Führungskräften, zu initiieren,
  - dass er eine neutrale Haltung einnimmt. Neutralität wird dabei so verstanden, dass der Entwicklungsberater auf längere Sicht weder Einzelpersonen, Einzelinteressen, Einzelmeinungen usw. bevorzugt. Er pflegt insgesamt eine Haltung des "sowohl – als auch", was auch heisst, dass er nicht vertretene Tendenzen in eine Diskussion oder Überlegung mit einbringt,
  - dass die Fähigkeiten der Klienten im höchstmöglichen Masse genützt und aktiviert werden,
  - dass es in sozialen Systemen und auch bei Einzelpersonen keine "instruktive Interaktion" gibt. Das heisst beispielsweise, dass die Folgen einer Intervention nicht planbar, berechenbar sind, weil die Reaktionen der Klienten von deren eigenen Zuständen mitbestimmt werden (BATESON hat diese Tatsache folgendermassen illustriert: Es ist ein Unterschied, ob ich einen Stein oder einen Hund trete),
  - dass er konsequent auf Lösungen und Ressourcen fokussiert statt auf Probleme und Defizite und damit Energien für die Zukunftsgestaltung der Organisation(seinheit) aktiviert,
  - dass es stets mehr als eine richtige Lösung gibt – auch in Fachfragen gibt es in der Regel mehr als eine richtige Lösung! – und dass die Klienten zur Auseinandersetzung mit Lösungsalternativen und deren Konsequenzen anzuregen sind,
  - dass er flexibel die Nähe und Distanz zum Klientsystem variiert: Er muss gleichermassen als Teil des Systems angenommen werden und angekoppelt sein, um wirkungsvoll agieren zu können, aber auch die Aussenperspektive wahren, um das Geschehen mit seinem eigenen Anteil reflektieren zu können: Welches Muster ist gerade im Gange? Welche Situation und welche Regeln schaffen wir uns gemeinsam? Wozu trage ich bei?,

- dass er einzelne Phänomene nicht isoliert betrachtet, sondern in Beziehung zueinander setzt und das Denken in Relationen fördert.

Der Mann, der auf dem Wasser ging -[14]
Eine Geschichte zum hilfreichen Umgang mit diesem Aktionshandbuch

Ein dem Herkömmlichen verbundener Derwisch aus einer strengen frommen Schule wanderte eines Tages am Ufer eines Flusses entlang. Er war vertieft in Gedanken über moralische und gelehrte Probleme, denn das war die Art der Sufischulung, zu der es in der Gemeinschaft, der er angehörte, gekommen war. Er stellte die fromme Bewegtheit des Gemütes mit dem Suchen nach der letzten Wahrheit auf dieselbe Stufe. Plötzlich wurden seine Gedanken von einem lauten Rufen unterbrochen. Jemand rief, und er rief den Derwischruf. Der Derwisch aber dachte bei sich: "So hat das keinen Zweck, denn der Mann spricht die Silben falsch aus. Statt Ya Hu zu intonieren, sagt er U Ya Hu." Dann wurde ihm klar, dass er als besserer Kenner dieser Übung die Pflicht habe, den unglücklichen Menschen zu korrigieren, der vielleicht nicht richtig angeleitet worden war und daher einfach nur versuchte, sein Bestes zu tun bei der Einstimmung auf das Wesentliche, das hinter den Lauten liegt. So mietete der Derwisch ein Boot und fuhr zu der Insel hinüber, die mitten im Strome lag, und von der die Rufe zu kommen schienen. Dort fand er einen mit dem Derwischgewand bekleideten Mann in einer Schilfhütte sitzen. Er wiegte sich im Takt des einweihenden Derwischrufes, den er wieder und wieder ertönen liess. "Mein Freund", sagte der erste Derwisch, "du sprichst die Worte falsch. Es ist meine Pflicht, dir das zu sagen, denn es ist verdienstlich, Rat zu geben und Rat zu empfangen. Du musst die Worte auf folgende Weise intonieren" – und er zeigte es ihm.

"Ich danke dir", sagte der andere Derwisch demütig. Der erste Derwisch stieg wieder in sein Boot, voller Zufriedenheit, weil er etwas Gutes getan hatte. Immerhin heisst es, dass der Mensch, der die heilige Formel korrekt wiederholt, sogar auf dem Wasser wandeln kann; er hatte das noch nie gesehen, hoffte jedoch noch immer – aus irgendeinem Grunde – es einmal zuwege bringen zu können. Nun hörte er nichts mehr aus der Schilfhütte, aber er war sicher, dass sein Unterricht gut aufgenommen worden war. Dann aber hörte er ein gestammeltes U Ya – denn der zweite Derwisch rief den Ruf wieder auf die alte Art ... Während der erste Derwisch sich hierüber noch Gedanken machte und über die Verderbtheit der Menschheit und die Hartnäckigkeit des Irrtums im allgemeinen nachsann, bot sich ihm plötzlich ein merkwürdiger Anblick: Der andere Derwisch kam von

---

[14] Aus: "Das Geheimnis der Derwische – Geschichten der Sufimeister" von Idries SHAH, 1984.

der Insel zu ihm herüber gelaufen, – ja, er wandelte auf dem Wasser ... Verblüfft liess er die Ruder sinken. Der zweite Derwisch kam zu ihm heran und rief: "Bruder, es tut mir leid, dir Mühe zu bereiten, aber ich musste herkommen, um dich noch einmal nach dieser Methode zu fragen, damit ich die Worte auf die richtige Weise wiederhole, habe ich doch Schwierigkeiten, es zu behalten."

9. Wie können wir weiterhelfen?

Wir – das Management Center Vorarlberg – haben als Leitidee für unser Tun, Entwicklungsprozesse von Einzelpersonen, Gruppen und Organisationen zu fördern und zu begleiten. Darauf baut unser Leistungsangebot auf, das verschiedene Möglichkeiten bietet, im Rahmen Ihres OE-Prozesses Unterstützung durch einen externen Partner zu finden.

a) Wir initiieren, planen und begleiten OE-Projekte

und können eine Zeitlang Partner in Ihrem Projekt sein, falls sich aus verschiedensten Gründen eine Stärkung und/oder Unterstützung der internen Projektleitung als hilfreich erweist. Wir arbeiten dabei selbst mit den hier vorgelegten Strukturen und Phasen in einem OE-Prozess, weil diese nach unserer Erfahrung den Organisationsmitgliedern viel Lernen im Prozess ermöglichen, so dass dieser im Lauf der Zeit ohne unsere Unterstützung organisationsintern getragen werden kann.

b) Wir führen Moderationen zur Bearbeitung abgegrenzter Problemstellungen durch

Wenn alle Beteiligten zu nah am Problem sind, um eine Veranstaltung gut moderieren zu können, wenn das methodische Handwerkszeug für eine schwierige Moderation nicht reicht, wenn eine Situation oder Diskussion sehr festgefahren ist, ist es hilfreich, für einen einzelnen Schritt im OE-Prozess einen externen Moderator hinzuzuziehen. Das kann eine Situationsklärung, eine Arbeitsklausur des Managementteams, eine Sitzung der Entwicklungsgruppe oder eine schwierige Phase in einem Teilprojekt betreffen.

c) Einzelberatungen und Supervision für Berater, Projektleiter und Führungskräfte

- individuelle, persönliche Beratung
- Reflexion und Gestaltung der Führungsarbeit
- Beratung für Projektgestaltung bzw. Gestaltung von Veranstaltungen
- Supervision von OE-Projekten
- Beratung zur Bearbeitung von Konflikten.

d) Offene Veranstaltungen (Seminare und Ausbildungswege)
sind Lernmöglichkeiten für einzelne Personen, wenn beispielsweise der Lernbedarf in der Organisation nicht gross genug ist, um eine Veranstaltung intern durchzuführen oder wenn aufgrund der Problemstellung das Lernen die Anonymität einer offenen Gruppe abseits der Arbeitsbeziehungen erfordert (z.B. der Bereich der persönlichen Entwicklung).

Wir bieten ein- und mehrstufige Seminare und Weiterbildungswege zu folgenden Themenbereichen an:

- Organisationsentwicklung
- Entwickeln von Beratungsqualitäten
- Arbeiten mit Gruppen
- Führen und Kommunizieren
- Persönlichkeitsentwicklung.

e) Publikationen
- die Institutszeitung (MC-Notiz) erscheint vierteljährlich. Darin beschäftigen wir uns mit aktuellen Themen, Entwicklungen, Theorien, Fragen der praktischen OE-Arbeit, der Führung von Mitarbeitern und der Steuerung von Unternehmen(sbereichen), mit Fragen der Persönlichkeitsentfaltung, interessanten Neuerscheinungen am Büchermarkt usw.,
- eine Jahrespublikation, mit einer bunten Mischung von knappen, verständlichen Fachartikeln und Erfahrungen zu den oben beschriebenen Bereichen, mit Parabeln, Geschichten, Bildern und Übungen.

Literaturtips und zitierte Literatur

Organisationsentwicklung und Systemische Beratung

BECHTLER, Th.: Selbstorganisation als Unternehmensvision. Der Markt als Mittel betrieblicher Organisation. In: KÖNIGSWIESER, R./LUTZ, Ch. (Hrsg.): Das systemisch evolutionäre Management. Wien 1990.
BECKHARD, R.: Organisationsentwicklung, Strategien und Modelle. Baden-Baden 1972.
BENNIS, W.: Organisationsentwicklung. Ihr Wesen, ihr Ursprung, ihre Aussichten. Baden-Baden 1972.
DOPPLER, K.: Management der Veränderung - Entwicklungsprozesse erfolgreich steuern und gestalten. In: Organisationsentwicklung, 9. Jahrgang 1991, Nr. 1, 18 f.
DYLLIK, T.: Gesellschaftliche Instabilität und Unternehmensführung. Bern/Stuttgart 1982.
FATZER, G.: Ganzheitliches Lernen. Paderborn 1987.
FRENCH, W.L./BELL, C.H.: Organisationsentwicklung. Bern, Stuttgart 1982.
GLASL, F.: Das Homo-Mensura-Prinzip und die Gestaltung von Organisationen. In: SIEVERS, B./SLESINA, W.: Wirtschaftswissenschaft der Gesamthochschule Wuppertal, 1980.
GLASL, F.: Konfliktmanagement - Diagnose und Behandlung von Konflikten in Organisationen. Bern 1980.
GLASL, F.: Thesen zur OE. In: Schäkel, U. et al.: Neue Wege der Leistungsgesellschaft, Essen 1982.
GLASL, F.: Verwaltungsreform durch OE. Bern, Stuttgart 1983.
GLASL, F./DE LA HOUSSAYE, L.: Organisationsentwicklung. Das Modell des Instituts für Organisationsentwicklung (NPI) und seine praktische Bewährung. Bern 1975.
HÄFELE, W.: Systemische Organisationsentwicklung: eine evolutionäre Strategie für kleine und mittlere Organisationen. Frankfurt am Main 1990, 2. Auflage 1992.
HASPER, W., GLASL, F.: Von kooperativer Marktstrategie zur Unternehmungsentwicklung. Reihe: Organisationsentwicklung in der Praxis, Bd. 5. Bern, Stuttgart 1988.
HEDBERG, B.: "Organizations as Tents" - Über die Schwierigkeit, Organisationen flexibel zu gestalten. In: HINTERHUBER, H./LASKE, St.: Zukunftsorientierte Unternehmenspolitik. Freiburg 1984.

HEINTEL, P., KRAINZ, E.: Projektmanagement. Eine Antwort auf die Hierarchiekrise? Wiesbaden 1988.
HINTERHUBER, H./LASKE, St.: Zukunftsorientierte Unternehmenspolitik. Freiburg 1984.
HOFMANN, M. (Hrsg.): Theorie und Praxis der Unternehmensberatung. Heidelberg 1991.
KAPPLER, E.: Der gut beratene Berater. In: HINTERHUBER, H./LASKE, St.: Zukunftsorientierte Unternehmenspolitik. Freiburg 1984.
KOCH, R.: Management von Organisationsänderungen in der öffentlichen Verwaltung. Berlin 1982.
KOCH/MEUERS/SCHUCK: Organisationsentwicklung in Theorie und Praxis. Frankfurt am Main 1980.
KÖNIGSWIESER, R./LUTZ, Ch. (Hrsg.): Das systemisch evolutionäre Management. Wien 1990.
KRÄMER, K.: Kritische Aspekte der OE. In: BACHMANN, C. (Hrsg.): Kritik der Gruppendynamik. Frankfurt am Main 1981.
LAUTERBURG, Ch.: OE - Strategie der Evolution. In: KOCH/MEUERS/SCHUCK: Organisationsentwicklung in Theorie und Praxis. Frankfurt am Main 1980.
LAUTERBURG, Ch.: Vor dem Ende der Hierarchie. 2. Auflage, Düsseldorf/Wien 1980.
LIEVEGOED, B.C.J.: Organisationen im Wandel. Bern 1974.
MANN, R.: Das ganzheitliche Unternehmen. Bern, München, Wien 1988.
PECHTL, W.: Zwischen Organismus und Organisation. Linz 1989.
REDER, Ch.: Organisationsentwicklung in der öffentlichen Verwaltung. Bern 1977.
REHN, G.: Modelle der Organisationsentwicklung. Bern/Stuttgart 1979.
RIEGGER, M.: Lernstatt erlebt. Praktische Erfahrungen mit Gruppeninitiativen. Essen 1983.
SCHEIN, E.: Process Consulting: Its Role in Organization Development. London 1969.
SCHMID, B.: Die wirklichkeitskonstruktive Perspektive - Systemisches Denken und Professionalität morgen. In: Organisationsentwicklung 2/89, 49 f.
SCHMITZ, Ch. et al. (Hrsg.): Managerie. Systemisches Denken und Handeln im Management. Heidelberg 1992.
SELVINI-PALAZZOLI, M. et al.: Hinter den Kulissen der Organisation. 2. Auflage, Stuttgart 1985.
SIEVERS, B.: Organisationsentwicklung als Problem. Stuttgart 1977.
SIEVERS, B./SLESINA, W.: Organisationsentwicklung in der Diskussion: Offene Systemplanung und partizipative Organisationsforschung. Wuppertal 1980.
TREBESCH, K.: OE in Europa, Bd. 1A und 1B. Bern/ Stuttgart 1980.
ULRICH, H.: Unternehmenspolitik. Bern 1978.

ULRICH, H./PROBST, G.: Anleitung zum ganzheitlichen Denken und Handeln. Ein Brevier für Führungskräfte. 2. Auflage, Bern, Stuttgart 1990.
VESTER, F./GLASL, F. et al.: Neue Wege der Leistungsgesellschaft. Essen 1982.
WEISBORD, M.: Künftige Grundlagen für Management und Beratung. In: Organisationsentwicklung 2/89, 1 f.
WESTERLUND, G./SJÖSTRAND, S.: Organisationsmythen. Stuttgart 1981.
WIESMANN, M.: Organisation nach Menschenmass. In: Agogik – Zeitschrift für Fragen sozialer Gestaltung. Oberwil 1983.
WIMMER, R.: Organisationsberatung – Eine Wachstumsbranche ohne Selbstverständnis. Überlegungen zur Weiterführung des OE-Ansatzes in Richtung systemischer Beratung. In: HOFMANN, M.: Theorie und Praxis der Unternehmensberatung. Heidelberg 1991.
WOHLGEMUTH, A.: Das Beratungskonzept der Organisationsentwicklung. Bern 1984.

Zeitschriften mit regelmässigen Beiträgen zu OE-Themen

AGOGIK, herausgegeben von der Gesellschaft zur Förderung der Sozial- und Betriebspädagogik, Eigerstrasse 22, CH-3007 Bern.
MANAGEMENT-ANDRAGOGIK UND ORGANISATIONSENTWICKLUNG (MAO). Ein Informationsbrief für Führungskräfte, die sich für Lernen, Entwicklung und Wandel von und in Organisationen interessieren und engagieren. Hrsg.: Dr. Rolf Stiefel + Partner AG, Felsenstrasse 88, CH-9000 St. Gallen.
MC-NOTIZ, vierteljährliche Institutszeitung des Management Center Vorarlberg, Lustenauer Strasse 45, A-6850 Dornbirn (derzeit kostenlos).
ORGANISATIONSENTWICKLUNG, Verlag: Organisationsentwicklung und Management (Zürich). Postanschrift: Postfach 147, CH-4003 Basel. Erscheint viermal jährlich.
TRIGON-THEMEN, Zeitschrift der Trigon-Entwicklungsberatung 1/87, Neutorgasse 19, A-8020 Graz.

Familientherapie und systemische Therapie

ANDERSEN, T.: Das reflektierende Team. Dialoge und Dialoge über Dialoge. Dortmund 1990.
BOSCOLO, L. et al.: Familientherapie – Systemtherapie. Das Mailänder Modell. Dortmund 1990.

CECCHIN, G. Zum gegenwärtigen Stand von Hypothetisieren, Zirkularität und Neutralität: Eine Einladung zur Neugier. In: Familiendynamik, 13. Jahrgang, 190 f.
DELL, P.: Klinische Erkenntnis. Zu den Grundlagen systemischer Therapie. verlag modernes lernen, Dortmund 1986.
MINUCHIN, S.: Familie und Familientherapie. 5. Auflage. Freiburg i.B. 1983.
SATIR, V.: Familienbehandlung. Freiburg 1973.
SATIR, V.: Selbstwert und Kommunikation. München 1975.
SELVINI-PALAZZOLI, M. et al.: Der entzauberte Magier. Stuttgart 1978.
SIMON, F./STIERLIN, H.: Die Sprache der Familientherapie. Ein Vokabular. Stuttgart 1984.
STIERLIN, H.: Prinzipien der systemischen Therapie. In: Lebende Systeme – Wirklichkeitskonstruktionen in der systemischen Therapie. Berlin/Heidelberg 1988.

ZEITSCHRIFT FÜR SYSTEMISCHE THERAPIE, Hrsg.: Jürgen Hargens. verlag modernes lernen, Dortmund.

Systemtheorie

JANTSCH, E.: Die Selbstorganisation des Universums – Vom Urknall zum menschlichen Geist. Basel 1981.
LUHMANN, N.: Soziale Systeme. Frankfurt am Main 1984.
LUTZ, R.: Die sanfte Wende. München 1984.
MATURANA, H./VARELA, F.: Der Baum der Erkenntnis. Bern/München/Wien 1987.
PROBST, G.: Selbstorganisation. Ordnungsprozesse in sozialen Systemen aus ganzheitlicher Sicht. Berlin, Hamburg 1987.
WILLKE, H.: Systemtheorie. Eine Einführung in die Grundprobleme. Stuttgart, New York 1987.

Einige "Gustostückchen"

BATESON, G.: Ökologie des Geistes. Frankfurt am Main 1985.
DIETRICH, R./PECHTL, W.: Energie durch Übungen. Eigenverlag (Bestellungen über: R. Dietrich, Paracelsusstrasse 4, A-5020 Salzburg).
DÖRNER, D.: Die Logik des Misslingens. Strategisches Denken in komplexen Situationen. Reinbek b. Hamburg 1989.
GIBRAN, K.: Der Narr. Olten 1975.
KEENEY, B.: Ästhetik des Wandels. Hamburg, ISKO-Press.
NOLL, P./BACHMANN, H.R.: Der kleine Macchiavelli. Handbuch der Macht für den alltäglichen Gebrauch. Piper 1987.
SHAH, J.: Das Geheimnis der Derwische. Freiburg/Basel/Wien 1984.
WATZLAWICK, P.: Wie wirklich ist die Wirklichkeit? München 1976.
WATZLAWICK, P./WEAKLAND, J.H./FISCH, R.: Lösungen. Zur Theorie und Praxis menschlichen Wandels. 2. Auflage. Bern/Stuttgart/Wien 1979.

Planung und Leitung von Gruppen

BÖHNING, U.: Moderieren mit System. Wiesbaden 1991.
FRANCIS, D./YOUNG, D.: Mehr Erfolg im Team. Ein Trainingsprogramm mit 46 Übungen zur Verbesserung der Leistungsfähigkeit in Arbeitsgruppen. Essen 1982.
GLASL, F.: Konfliktmanagement. Diagnose und Behandlung von Konflikten in Organisationen. Bern, Stuttgart 1980.
KLEBERT, K. et al.: Moderationsmethode. München 1980.
KLEBERT, K./SCHRADER, E./STRAUB, W.: KurzModeration. Hamburg 1985.
LANGMAACK, B./BRAUNE-KRICKAU, M.: Wie die Gruppe laufen lernt. Anregungen zum Planen und Leiten von Gruppen. München/Weinheim 1987.

Sachregister

Absicherung des OE-Prozesses 172 ff.
Angebot, Konzept 105 f.
Arbeitsklausuren 24, 128 f.
- Ablaufvorschlag für Zielpriorisierung 151 f.
- Ablaufvorschlag für erste Sitzung Entwicklungsgruppe 164 f.
Arbeitsteilung
- Folgen der 72
Auswahl des Beraters 106 f.

Beratung
- Entwicklungsberatung 80 f., 177 ff.
- Expertenberatung 76 f.
Beteiligung der Betroffenen 20, 112, 121 f.
Beziehungslandkarte 131 f.

Collage-Technik 134 f.

Dienstleistungsorganisation 59 ff.
Differenzierungsphase 69 ff.

Effektivität 31 f.
Eigenverantwortung 33
Einzelgespräche zur Diagnose 126
Entwicklungsgruppe 158 ff., 164, 166
Entwicklungsphasen von Organisationen 67 ff.
- Fragen zur Selbstdiagnose 75 f.
- und Veränderungsstrategie 81
Entwicklungsstrategie 80 ff.
Erfolgswahrscheinlichkeit des OE-Prozesses
- Fragen zur 117 f.
Erstkontakt, Erstgespräch 99 f.
Evolution sozialer Systeme 40

Fragen
- systemische Beratung 102 f., 110 f.
Fragebogen als Diagnoseinstrument 127
Funktionen 51 f.
- Fragen zur Selbstdiagnose 55
Führung
- Fragen zur Selbstdiagnose 54
Führungskräfte im OE-Prozess 77, 144 f., 149 f.
- Unterstützung/Begleitung im OE-Prozess 176 f.

Grenzen 44 f., 162 ff.
- diffuse 44, 163
- durchlässige 44, 163
- Grenzgestaltung zwischen OE und Organisation 162 f.
- Handhabung und Gestaltung von Grenzen 45
- Sinngrenzen 44
- starre 44, 163

Helix 90
Hierarchie als Selbstsimplifikation 45
Humanisierung 31 f.
Hypothesenbildung 100 f.

Ideal-Organisation 133 f.
Identität
- Fragen 53
- und Leitbild 49
- als Wesenselement von Organisationen 48 f.
Information über den/im OE-Prozess 94, 116, 167 ff.

- Inhalte einer Informationsveranstaltung 167
Informelles in Organisationen 50
Integrationsphase 73 ff.

Komplexität
- Definition 41
- Konsequenzen 42
- sozialer Systeme 21
- Umgang mit.komplexität in der OE 41 f., 42 f., 152 f.
Kontextklärung 102 f.
Krisenerscheinungen in Organisationen 85 f.

Lebensfähigkeit von Organisationen 39
Lebenslinie von Organisationen
- Methode zur Diagnose 138 f.
Leitbild 49
- für Führungskräfte und Berater 177 f.

Machtstrategie 78 ff.
Menschen 54, 73, 81
Menschenbild 33 f.
- dreidimensional 34
- Fragen zur Selbstdiagnose 36, 54
- systemisch 35
- und Organisationstypus 57
Methoden/"Techniken" 129 f.
Mitarbeiter
- Fragen zur Selbstdiagnose 54

Modelle
- Gebrauch von Modellen in der OE 47, 87 f.
Moderation 136 f.

OE
- Anlässe für OE 21 f.

- Definition 19
- Menschenbild 33 f.
- Prinzipien 20 ff.
- Ziele 28 f.
OE-Berater 25 f., 177 ff.
- externer 106 f.
- Rolle und Verständnis 25, 31 f., 35, 105, 121 f.
Organisationsverständnis der OE 21, 37 f.
Organisationsverständnis traditionell 22
Organisationstypen 57 ff.
- Fragen zur Selbstdiagnose 65 f.
Orientierungsphase 92, 99 ff.

Papiercomputer 146 f.
Phasenmodell der OE 90 ff.
- im Überblick 92 ff.
Pionierphase 67 ff.
Produktorganisation 61 f.
Projektleitung intern 160 ff.
Prozesse 52, 55
Prozessorientierung 23

Reduktionismus 43
Ressourcenorientierung 25

Sachmittel 52, 55
schöpferische Organisation 63 ff.
selbständige Einheiten als Strukturierungsprinzip der OE 41
Selbstdiagnose 121 f.
- systemische Gruppengespräche 125 f.
Selbstorganisation 29 f., 40 f.
Selbststeuerung 73
- Bedingungen für Selbstorganisation 41
Situationsklärungsphase 92, 121 ff.
- Vorgehensweise 125

Situationslandkarte 136 f.
soziale Systeme 37 f.
- Merkmale von sozialen Systemen 38 f.
Steuerungsstruktur des OE-Prozesses 93 f., 156 ff.
- und Managementfunktion 154
Strategie 49
- Fragen 53
strategische Geschäftseinheiten 42
strategisches Management 49
Strukturen in Organisationen 38
- Gestaltung 39 f.
- Fragen zur Selbstdiagnose 53 f.
Strukturdeterminiertheit 38 f.
Strukturelle Koppelung 39 f.
Supervision 173
- für Entwicklungsgruppe und Projektleitung 173
Symbol
- finden (Diagnosephase) 135 f.
Systemdarstellung mit Holzfiguren
- Methode zur Diagnose 140 f.
Systemdifferenzierung 45
systemische Haltung/systemisches Beratungsverständnis 25, 42, 47, 121 f., 178 f.

Teilprojekte 94, 168 ff.
Teilprojektleiter 169 f.
triviale Maschine 43 f.

Umwelt von Organisationen 44
- Fragen zur Selbstdiagnose 55

Veränderungsziele erarbeiten 141 f.
Veränderungsstrategien 76 ff.
- Fragen zur Selbstdiagnose 81 f.

Wertschätzung 33, 177
Wesenselemente einer Organisation 47 ff.
- Selbstdiagnosefragen 53 f.

Zeit
- Zeitfaktor in der OE 90 f.
- Dauer von OE-Prozessen 172
Ziele
- Konflikte 30 f.
- Reichweite 148 f.
- Bestimmung in komplexen Systemen 152 f.
- Zielfindungsphase, -auswahl und -entscheidung 93, 144 ff.

PD Dr. Friedrich Glasl

Konfliktmanagement

Ein Handbuch für Führungskräfte und Berater

«Organisationsentwicklung in der Praxis» Band 2
6., ergänzte Auflage, 464 Seiten, 13 Tabellen, 39 Grafiken,
gebunden, Fr. 108.– / DM 120.– / öS 876.–
ISBN 3-258-06022-3

Aus Urteilen zu vorangegangenen Auflagen:

«Gleich vorweg: Endlich ist die Neuauflage dieses Handbuches mit wesentlichen Verbesserungen wieder lieferbar. Das Standardwerk möchten wir nämlich allen Trainern, Weiterbildnern, Beratern und Personalentwicklern ganz besonders ans Herz legen...» *Deutsche Bibliothek*

«It is really a brilliant book – I know of no other that covers this field so thoroughly and impressively. I learnt a lot from reading it – and there are not many books in German that I manage to get through to the end of! I am sure it has already become the standard text in the German language.» *Prof. Dr. D. T. Jones*

«Das Buch bietet dem theoretisch orientierten Leser eine umfassende Orientierung über den Wissens- und Erfahrungsstand. Wegen seiner gründlichen Beschäftigung mit dem Phänomen «Konflikt» muss das Buch bereits heute zu den Standardwerken der deutschsprachigen Konfliktforschung gezählt werden.»

Management-Forum

Verlag Haupt Bern · Stuttgart · Wien